Eduard König

Die Hauptprobleme der altisraelitischen Religionsgeschichte,

gegenüber den Entwickelungstheoretikern beleuchtet

Eduard König

Die Hauptprobleme der altisraelitischen Religionsgeschichte, *gegenüber den Entwickelungstheoretikern beleuchtet*

ISBN/EAN: 9783743487321

Hergestellt in Europa, USA, Kanada, Australien, Japan

Cover: Foto ©Lupo / pixelio.de

Manufactured and distributed by brebook publishing software (www.brebook.com)

Eduard König

Die Hauptprobleme der altisraelitischen Religionsgeschichte,

Die Hauptprobleme

der altisraelitischen

Religionsgeschichte

gegenüber den

Entwickelungstheoretikern

beleuchtet von

Lic. Dr. Friedrich Eduard König,
Privatdocent der Theologie an der Universität Leipzig.

Leipzig,
J. C. Hinrichs'sche Buchhandlung.
1884.

Alle Rechte vorbehalten.

Druck von August Pries in Leipzig.

Vorwort.

Die Fortschritte der comparativen Religionswissenschaft haben demjenigen, welcher sich die Erforschung und religionsgeschichtliche Taxirung der alttestamentlichen Weltanschauung zur Aufgabe gemacht hat, schon seit Decennien nicht wenige neue Fragen vorgelegt. Inwiefern aber hauptsächlich im vorigen Jahre die deutschen Alttestamentler aufgefordert worden sind, die Behauptungen der comparativen Religionswissenschaft zu prüfen, habe ich im Eingang des vorliegenden Buches bemerkt. Da nun diese Prüfung gerade auf der Bahn des Forschungsplanes lag, welchen ich mir vorgezeichnet habe, so habe ich jener Aufforderung durch die Ausarbeitung der vorliegenden Untersuchungen Folge geleistet.

Das Ziel, welches ich auch in dieser Arbeit erstrebt habe, ist dieses, dass die trotz aller Kritik wirklich vorliegenden Thatsachen der Religionsgeschichte aufgezeigt und die zu ihrem Verständnis nothwendig vorauszusetzenden Ursachen erschlossen werden. Mein Ziel ist also dasjenige aller echten Geschichtswissenschaft.

Da ich dieses Ziel nicht blos durch genaue Auslegung der Quellen, sondern auch durch — vom Wahrheitsstreben und Gerechtigkeitssinn — mir gebotene sorgfältige Berücksichtigung gegnerischer und verwandter Urtheile zu erreichen suche, ist meine Schrift zugleich ein bequemes Mittel geworden, sich über alle die altisraelitische Religionsgeschichte betreffenden Verhandlungen der letzten Jahrzehnte und deren gegenwärtigen Stand zu orientiren.

Da die Solidität der Beweisführung durch die Vermeidung des Hebräischen nicht beeinträchtigt wird, so habe ich durch deren ausgedehnten Gebrauch mein Büchlein auch dem nichttheologischen Publicum, dem weiten Kreise der gegenwärtig für religionsgeschichtliche Fragen interessirten Geister, zugänglich gemacht.

Leipzig, den 25. März 1884.

Der Verfasser.

Uebersicht des Inhalts.

Seite

Einleitung: Die Motive der vorliegenden Studien. — Die Schriften der Gegner. — Die Voraussetzungen. — Der Plan der Untersuchung 1
- I. Die Religion der Majorität Israels zu Mose's Zeit 7
- II. Negativer Erweis einer legitimen Religion Israels 12
- III. Positiver Erweis einer legitimen Religion Israels 15
- IV. Zusammenfassung der formalen Untersuchungen und Uebergang zu den materialen Untersuchungen 22
- V. Jahwismus erst seit Davids Zeit? — Woher der Name Jahweh? — Der Jahwismus aus Canaan? — Israels Gott auch ein baal? 24
- VI. Der Monotheismus Altisraels. — Der „ethische Monotheismus der Propheten" 35
- VII. Das Wesen Jahwehs. — Jahweh ursprünglich als Feuer gedacht? — Jahweh Ssebaoth. — Jahweh ursprünglich der Himmel? — Jahweh bei den Propheten ein Gedankending? 46
- VIII. Die Abbildbarkeit Jahwehs. — Das Stierbild. — Das Ephod. — Die Tempelsymbolik. — Die Säulen und die Ascheren . 53
- IX. Der Character Jahwehs. — Die Menschenopfer. — Die Beschneidung. — Der Heiligkeitsbegriff 72
- X. Jahwehs Bund mit Israel. — Der Bund und die Priester. — Die Priester und die göttliche Weisung (Thorah) 84
- XI. Der Jahwismus nach seinen alten gesetzlichen Grundlagen. — Stellung der Thatpropheten und der Schriftpropheten zur Werthschätzung der Sittlichkeit 89
- XII. Der vorprophetische Jahwismus und die Universalität der Weissagung. — Altisraels Religion individualistisch. — Israels particularistischer Universalismus. — Israel ein Volk und eine Religionsgemeinschaft 95
- XIII. Die formale Dignität der vorprophetischen Religion Israels. — War die Religion Altisraels naturwüchsig? — Schluss von den Wirkungen auf die Ursachen 103

Schluss 107

Einleitung.

1. Die Motive dieser Studien. Untersuchungen über den Entwickelungsgang der alttestamentlichen Religion bedürfen zumal in unserer Zeit keiner besondern Veranlassung; aber in letzter Instanz bin ich zur Ausarbeitung der vorliegenden Abhandlung durch den Umstand aufgefordert worden, dass im vergangenen Jahre die Ideen, welche Kuenen über die Fortbildung der israelitischen Religion schon seit längerer Zeit vorgetragen hat, auch in deutschem Gewande aufgetreten sind. Gerade das erstmalige Erscheinen eines Kuenen'schen Buches innerhalb der deutschen theologischen Literatur muss zu solchen Untersuchungen antreiben, weil Kuenen der jetzige Hauptvertreter der angeblich echt wissenschaftlichen Betrachtung des Anfangs und Fortgangs der biblischen Religion ist. Denn nachdem, um nur soweit zurück zu gehen, Kaiser's, Gramberg's, v. Bohlen's, George's, Vatke's Aufstellungen trotz der Bemühungen eines Daumer, Ghillany, Noack, Scherr und von der Alm fast ganz in den Hintergrund des Zeitbewusstseins zurückgetreten waren, hat nach Dozy's, Oort's, Land's und anderer Gelehrten Vorgang hauptsächlich Kuenen diese moderne Auffassung der Entwickelung des Israelitismus in mehreren Schriften vorgetragen. Auf Kuenen nun als auf seinen meisterhaften Vorgänger beruft sich, was die Darstellung der israelitischen Religionsverhältnisse anlangt, auch Tiele. Kuenen's Bahn haben auch Duhm und Wellhausen verfolgt, und wie Stade Kuenen's Hauptschrift „das Standard work über die Entwickelung der orientalischen Religion" genannt hat, so bewegen sich in Kuenen's Richtung auch Smend und Maybaum, ferner die Mythologen des Alten Testament Goldziher und Popper, endlich die Religionsphilosophen Pfleiderer sowie v. Hartmann.

Gottl. Phil. Fr. Kaiser, Die biblische Theologie, oder Judaismus und Christianismus nach der grammatisch-historischen Interpretationsmethode und nach einer freimüthigen Stellung in die [sic] vergleichende Universalgeschichte der Religionen und in die universale Religion, I. Bd. (Erlangen 1813), S. 96 ff. 120 f. — C. P. W. Gramberg, Kritische Geschichte der Religionsideen des A. T., 2 Bde. (Berlin 1829 f.), vgl. bes. Bd. 1, S. 437 seine Gesammtansicht über die religiöse Entwickelung Israels. — Paul von Bohlen, Die Genesis historisch-kritisch erläutert (1835) S. LXL ff. — J. F. Leopold George, Die älteren jüdischen Feste mit einer Kritik der Gesetzgebung des Pentateuch (1835), S. 188. 200 f. 232—234. 291 f. 304 f. — Wilhelm Vatke, Die Biblische Theologie wissenschaftlich dargestellt; I. Theil: Die Religion des A. T. nach den kanonischen Büchern entwickelt (Berlin 1835).

G. Fr. Daumer, Der Feuer- und Molochdienst der alten Hebräer als urväterlicher, legaler, orthodoxer Cultus der Nation nachgewiesen (Braunschweig 1842). — Ghillany (Professor und Stadtbibliothekar in Nürnberg), Die Menschenopfer der alten Hebräer (1842), z. B. S. 23 „Nicht einmal die einfachen zehn Gebote lassen sich bis auf Mose zurückführen". — Ludwig Noack, Mythologie und Offenbarung, 2 Bde. (1845 f.); Die Biblische Theologie (1853). — Johannes Scherr, Geschichte der Religion, 3 Bde. (Leipzig. 1855—57). — Richard von der Alm, Theologische Briefe an die Gebildeten der deutschen Nation; 1. Bd.: das alte Testament (Leipzig 1862). — Die Vergleichung dieser früheren Schriften hielt ich nicht nur aus dem formalen Grunde, dass durch dieselbe die Phalanx der gegnerischen Ansichten vervollständigt wird, sondern auch aus dem materialen Grunde für nöthig, dass die älteren Ansichten noch keineswegs ganz überwunden sind und leicht wieder als die „wahrhaft vorurtheilslosen" hervorgesucht werden können, ich aber von niemandem der Befangenheit geziehen werden will.

Durch die von Docy in „De Israëlieten te Mekka van Davids tijd etc." (Haarlem 1864) vorgetragene Meinung, von ausgewanderten Simeoniten sei zu Davids Zeit das Heiligthum zu Mekka gegründet worden und daher stamme die von den Chanifen bereits vor Muhammed vertretene „Religion Abrahams", wurde H. Oort zur Abfassung seines Buches „De dienst der Baalim onder Israël" (Haarlem 1864) angeregt, wie er in § 1—3 der Einleitung selbst bekennt. Ich citire nach Colenso's Übersetzung „The Worship of Baalim in Israel", London 1865. Oort schrieb dann „Het Menschenoffer in Israël" (1865), und an ihn hat nicht blos Colenso in „The Pentateuch and the book of Joshua" Part V (London 1865). p. 269—284 sich angeschlossen, sondern dieselbe Richtung verfolgte auch in den Niederlanden zunächst noch J. P. N. Land in der Theologisch Tijdschrift 1868, S. 156—170.

Abraham Kuenen (Professor der protestantischen Theologie in Leiden) schrieb „De Godsdienst van Israël" 2 Bde. (Haarlem 1869. 70); sodann „De Profeten en de Profetie onder Israël" 2 Bde. 1875; endlich, um hiervon gleich die deutsche Übersetzung zu nennen, „Volksreligion und Weltreligion" (Berlin 1883). Diese neuesten Darlegungen Kuenen's sollen aber nach ihm selbst (S. IX. 79 f. etc.) nicht sein erstgenanntes Buch ersetzen. Daher werde ich Kuenen's Argumente in erster Linie aus seinem Hauptwerke schöpfen und werde es nur bemerken, wenn er eine in demselben aufgestellte Ansicht in seinem neueren Buche geändert hat. — C. P. Tiele (in Leiden), Vergelijkende Geschiedenis van de Egyptische en Mesopotamische Godsdiensten, Amsterdam, I. Bd. 1869: die ägyptische Religion; II. Bd. 1872: die mesopotamischen Religionen, S. 530; ferner Geschiedenis etc., übersetzt durch F. W. T. Weber unter dem Titel „Compendium der Religionsgeschichte" (Berlin 1880), § 52. Vom ersteren Werk bereitet eine deutsche Uebersetzung vor Rindtorff, vgl. das Programm der Realschule zu Weimar (1883) über „Die Religion der Phönizier" S. 3. Vgl. noch Hecker (Prof. in Groningen), Die Israeliten und der Monotheismus (1879), S. 61. — Bernhard Duhm, Die Theologie der Propheten als Grundlage für die innere Entwickelungsgeschichte der israelitischen Religion (Bonn, 1875), S. 19. — Julius Wellhausen, Geschichte des Volkes Israel, I. Theil 1878; 2. Aufl. unter dem Titel „Prolegomena zur Geschichte Israels" 1883; ferner den Artikel „Israel" in der „Encyclopaedia Britannica" 9. Aufl. Bd. XIII (1881), p. 396—431. — Bernhard Stade, Geschichte des Volkes Israel (in „Allgemeine Geschichte in Einzeldarstellungen, herausgegeben von Oncken) 1881, S. 43. — Rudolf Smend, Die Genesis des Judenthums (in „Zeitschrift für die alttestamentliche Wissenschaft", herausgegeben von Stade, II. Bd. 1882, S. 94—151), S. 107 etc. — Maybaum, Die Entwickelung des altisraelitischen Priesterthums (1880), S. 125; die Entwickelung des israelitischen Prophetenthums (1883). S. 2 etc.

Goldziher, Der Mythus bei den Hebräern und seine geschichtliche Entwickelung (1876). — Popper, Der Ursprung des Monotheismus (1879), S. 36 ff. — Vgl. noch Bruchmann in der Zeitschrift für Völkerpsychologie und Sprachwissenschaft, XIII (1882), S. 456.

Pfleiderer, Religionsphilosophie auf geschichtlicher Grundlage (1878). S. 356—363; vgl. noch seine Recension von Kuenen's neuestem Buche in der Deutschen Litteraturzeitung 1883, Nr. 12. — Eduard von Hartmann, Das religiöse Bewusstsein der Menschheit im Stufengang seiner Entwickelung (Berlin 1882), S. 388 f., Anm.

Uebrigens habe ich, um Ansichten, welche allen Gegnern gemeinsam sind, zu belegen, nicht aus allen Schriften Fundorte beigebracht, sondern (meist) nur die neuesten Vertreter dieser Ansichten citirt. Nur wo singuläre Meinungen einzelner Gelehrten in Betracht kommen, habe ich mir bei der Lectüre ihrer Schriften auch aus ihnen Belegstellen angemerkt.

2. Die Voraussetzungen, mit denen der Verfasser an die folgenden Untersuchungen hinangetreten ist. — Kuenen hat [1]) in einem besondern Kapitel „unser Standpunct" diejenigen Gedanken dargelegt, von denen er bei der Betrachtung der Biblischen Religionen ausgegangen ist. Es sind folgende: „Von den Religionen ist uns die israelitische eine, nichts weniger, aber auch nichts mehr". „Judenthum und Christenthum gehören zwar zu den vornehmsten Religionen, aber zwischen ihnen beiden und allen übrigen Religionen besteht kein specifischer Unterschied." „Specifisch verschieden von den andern Religionen müssten zwar Judenthum und Christenthum gemäss dem Glauben ihrer Bekenner sein, dass diese Religionen aus übernatürlicher Offenbarung stammen, indes diesen Glauben besitzen auch die Anhänger Zarathustra's, Sakja-Muni's, Muhammed's." „Die neuere Religionswissenschaft stellt sich nicht auf den Standpunct des Glaubens, welchem keine Wahrheit ausser dem Kreise worin er selbst herrscht zuerkannt wird, sondern auf den Standpunct der unparteiischen Würdigung, welche anstatt überall denselben Massstab anzulegen die Verschiedenheit in ihrem Rechte erkennt und das Gute bemerkt, wo und in welcher Form sie es antrifft".

Dem gegenüber formulire ich meinen Standpunct folgendermassen. Ich habe nicht von vornherein mein Urtheil über die Parität aller Religionen fertig. Vielmehr schöpfe ich meine Behauptungen über die relative Würde der Religionen aus der Betrachtung der Geschichtsthatsachen. Ich meine auch, dass bei der Betrachtung jeder Religion zuerst über die Auctorität der Stifter sowie der ersten Bekenner dieser Religion gehandelt werden muss.[2]) Es ist unmethodisch und führt deshalb nur zur Oberflächlichkeit, wenn man die Frage nach dem Ursprung einer Religion erst innerhalb des Systems derselben aufwirft. Ich halte es ferner für einen Grundfehler, dass Kuenen den Glauben der Bekenner des Israelitismus und des Christenthums für etwas anderes als für deren religionsgeschichtliche Überzeugung ansieht und deshalb meint, dieser auf geschichtlicher Erfahrung beruhenden Überzeugung die „unparteiische" Würdigung der Gegner jener beiden Religionen entgegenstellen zu dürfen.

1) De Godsdienst I, 5—13: Ons Standpunt.
2) Diesen Theil der Aufgabe habe ich, was die alttestamentliche Religion anlangt, in meinem „Offenbarungsbegriff des Alten Testaments", 2 Bde. (Leipzig, 1882), geleistet.

Falsch ist auch Kuenen's Satz,[1]) dass die neuere Religionswissenschaft[2]) eine „natürliche Frucht des Erkenntnis- und Entwickelungsfortschritts der ganzen Geistesarbeit der europäischen Menschheit während des letzten Jahrhunderts sei". Denn dieser Fortschritt hätte doch kein falscher sein müssen, er hätte keine Abirrung von der wahren Weltanschauung, von der richtigen Taxirung der israelitischen und der christlichen Religion zu sein gebraucht. Dieser Fortschritt hätte also doch nicht zur Leugnung des realen Geistes, des gewöhnlich unwahrnehmbaren Welthintergrundes, der causae finales, der menschlichen Freiheit, der sittlichen Anlage des Menschen, des Schuldbegriffs, der Nothwendigkeit der von Gott dargebotenen und allein vor ihm geltenden Gerechtigkeit, kurz, nicht zur Desavouirung der Wahrheit von Pauli Brief an die Römer 1, 16—3, 28 führen müssen. Ich behaupte vielmehr, dass z. B. diese Biblische Stelle die bleibende Zusammenfassung aller Religionswissenschaft ist, und ich bestreite es, dass die Verkennung der prophetischen und der apostolischen Weltanschauung die nothwendige Frucht der Entwickelung echter Wissenschaft gewesen ist. Zur neueren religionsgeschichtlichen Auffassung des Israelitismus und des Christenthums ist es vielmehr nur gekommen, weil den Pflegern der neueren Religionswissenschaft nicht das Vergleichen der Religionen, sondern das Ausgleichen derselben als Ziel vorschwebte, und sie müssten ihre Religionswissenschaft nicht eine comparative, sondern eine nivellirende nennen.

Da nun die Anschauungen, mit denen die Entwickelungstheoretiker an die Bearbeitung der Biblischen Nachrichten gehen, von denen der Biblischen Schriftsteller verschieden, meine Vorurtheile aber mit den religiösen und moralischen Principien der Biblischen Schriftsteller identisch sind: so kann bereits von vornherein beurtheilt werden, wer „um allgemeiner Theorien willen die einzelnen Thatsachen der Religionsgeschichte so lange verrenkt, bis sie sich in die ersteren fügen".[3]) Werden es die von den evolutionistischen Principien der neueren, nivellirenden Religionswissenschaft ausgehenden Gelehrten, oder werden[4]) es die-

---

[1]) De Godsdienst I, S. 8.
[2]) die sich allein so nennt, indem sie die frühere christliche Religionswissenschaft als nicht vorhanden ansieht.
[3]) Dies sind Worte Stade's in „Gesch. des V. Israel", S. 12, Anm. 1.
[4]) Was Stade a. a. O. behauptet.

jenigen thun, welche von der durch die Propheten und Apostel getheilten religiös-moralischen[1]) Betrachtung des Alten Testamentes ausgehen?

3. **Die Anordnung der folgenden Untersuchungen.** — Ich kann und will, da die Kritik aller Meinungen erstrebt werden muss, nicht die Darstellung eines Einzelnen, etwa Vatke's oder Kuenen's, zum Object der Betrachtung und Beurtheilung machen. Vielmehr will ich auf einem eigenen Wege vorwärtsschreiten, von dem ich hoffen darf, dass er sich auch meinen Begleitern als naturgemäss einfach erweisen und sie zur Berührung aller in Betracht kommenden Puncte leiten wird.

---

1) Ich sage nicht: literaturgeschichtlichen, oder archäologischen.

I. War die Religion Mose's auch diejenige der Majorität seiner Volksgenossen? — Die auf diese Frage gegebene Antwort ist im allgemeinen eine zweifache gewesen. Denn entweder ist gesagt und noch mehr als selbstverständliche Meinung des A. T. vorausgesetzt worden, dass die mosaische Religionsauffassung auch diejenige der Mehrzahl, wenn nicht gar der Gesammtheit des zu Mose's und der ihm zunächst folgenden Zeit lebenden Israel gewesen sei, oder man nahm an, dass die höhere Religion Mose's von vornherein nur das Eigenthum eines engen Kreises seiner Nation war. Wir wollen zusehen, welche von beiden Antworten sich als die der Wahrheit am meisten entsprechende erweisen lässt.

1) Im A. T. liegen keine Stellen vor, welche aussagen wollten, das von Mose aus dem Diensthause geführte Israel sei unbekannt mit dem Offenbarungsgotte seiner Väter gewesen, habe nicht von demselben Hilfe erwartet, habe nicht die glückliche Errettung auf dessen Walten zurückgeführt und habe nicht nach seiner zeitweisen Undankbarkeit reuig sich zu ihm zurückgewandt. Nämlich Kaiser meinte (S. 23): „Mose änderte eigentlich nichts in der Religion seines Heloten-Volkes" sowie (S. 61) „sein Gott war das ägyptische etc. Feuerwesen". Daumer hat das gleich im Titel seines Buches enthaltene Urtheil in demselben (S. 3) z. B. mit den Worten wiederholt: „Der Molochdienst war der Cultus des Abraham, Mose, Samuel und David". Ghillany aber nahm kaum einen andern Standpunct ein. Denn er sagte (S. 44): „Der viel gerügte Götzendienst ist uralter Staatscultus" und (S. 79): „Will man das A. T. unbefangen untersuchen, so tritt keine reinere

Religion hervor, als die der verwandten canaanitischen Stämme, höchstens mit dem Unterschied, dass der allgemeine semitische Stammgott Baal oder Melech bei den Hebräern Jahweh hiess". Die directen Beweise,[1]) die Daumer für seine Meinung bringt, sind diese: S. 47 zieht er aus den Worten „der Schandgötze הבשׁת frass den Erwerb unserer Väter von unserer Jugend an . . .: wider Jahweh, unsern Gott, haben wir gesündigt" (Jer. 3, 21 f.) den Schluss: „Nun wahrlich, so war ja derjenige Gott, den der Prophet mit dem Namen Jahweh bezeichnet, nie der Gott Israels gewesen, sondern eben jener Schandgötze, den er ihm entgegensetzt und als Baal und Moloch bezeichnet (11, 13; 32, 35)". Aber dieser Schluss ist für alle seine Schlüsse typisch, indem sie alle, wie dieser eine, aus den vorhandenen Argumenten zu viel und unmögliches folgern. Denn freilich, wenn von jener Stelle nur der erste Satz vorhanden wäre, so könnte man aus ihr das Daumer'sche Urtheil ableiten; aber der zweite Satz jener Stelle verweist ja ausdrücklich auf Jahweh als den unstreitig eigentlichen Gott Israels. Dies gilt auch dagegen, dass Daumer S. 109 über Jer. 7, 31[2]) sagt: „Diese Versicherungen, dass Jahweh alle diese Opfer nicht wolle und nicht befohlen habe, wären überflüssig und absurd, wenn sie nicht gegen eine in Israel bestehende Ansicht gerichtet wären, welche das bejahte, was der Prophet verneint . . . . Glaubte man nun, es sei Jahwehs Wille, auf dem stierköpfigen Metallgötzen Kinder zu verbrennen, so hat dasselbe wohl auch für nichts anderes, als für eine Darstellung Jahwehs selbst gegolten." Er rief also Vatke, welcher S. 355 geurtheilt hatte: „Aus der Antithese des Jeremia (7, 31; 19, 5) darf man vielleicht schliessen, dass das abgöttische Volk die molochistischen Menschenopfer mit dem Jahwehdienste zu vereinen wusste und in ihnen keinen directen Abfall erblickte", mit Unrecht zu: Man getraue sich doch, bestimmt zu sprechen; man hat ja das Recht dazu!

---

1) Diejenigen Dinge, wodurch Daumer und Ghillany ihre specielle Meinung vom Moloch als dem legalen Gotte des alten Israel indirect erweisen wollten, nämlich die Menschenopfer, die Beschneidung etc., werden weiter unten beleuchtet.

2) „Die Einwohner von Jerusalem bauten die Höhen des Thopheth im Thale der Söhne Hinnoms, um ihre Söhne und Töchter mit Feuer zu verbrennen, was ich (Jahweh) nicht geboten habe und was mir nicht in den Sinn gekommen ist".

„Daran schliesst sich", sagt Daumer S. 47 ff., „die ungeheure, unsere ganze herkömmliche Theologie mit einem Schlage zerschmetternde Behauptung des Propheten Amos (5, 25 f.)". Indes erstens trotz der neuesten Ausleger Steiner,[1]) Bredenkamp[2]) und Öhler[3]) muss ich, wie in meiner These von 1879,[4]) mich denjenigen Interpreten[5]) anschliessen, welche v. 26 auf die Zukunft beziehen. Denn es ist eine syntactische Unmöglichkeit, an den Fragesatz (v. 25), welcher eine verneinende Antwort verlangt, unmittelbar v. 26 durch „und" als einen Behauptungssatz anzuknüpfen. Dieser copulativ angeknüpfte Satz müsste nothwendigerweise ebenfalls ein Fragesatz werden. Es spottet, weil es nun einmal eine logische Unmöglichkeit ist, jedes Versuchs, beim Vortrag dieser Verse, an die Frage (v. 25) durch „und" eine Behauptung anzuschliessen. Ebenso schwer, wie dieser Grund, der schon für sich allein die Frage entscheidet, wiegt der Umstand, dass an den perfectisch aufgefassten v. 26 auch wieder v. 27 nicht mit „und" angeknüpft werden könnte. Das am Anfang von v. 27 und 26 stehende „und" erzwingt vielmehr die Auffassung, dass והגליתי (v. 27) Perfectum consecutivum und zwar abhängig von dem futurischen v. 26 ist, und dass ebenso das ונשאתם (v. 26) Perfectum consecutivum und zwar abhängig von dem Imperfect des 24. und dem Imperativ des 23. Verses ist. Der bekannte v. 25 aber enthält eine gar nicht unmögliche, oder auch nur unnatürliche Zwischenfrage, welche die Leser über die Denkbarkeit der in v. 24 ausgesprochenen Gerichtsdrohung[6])

---

1) In der 4. Aufl. von Hitzigs Commentar zu den Kleinen Propheten 1881 z. St.
2) Gesetz und Propheten 1881, S. 83 ff.
3) Theologie des A. T. 1882, § 26, 4.
4) Die zweite von den meiner Dissertation De Criticae Sacrae argumento e linguae legibus repetito angehängten Thesen (pag. 63): ונשאתם Amos 5, 26 ex imperativo et imperfecto versuum 23. s. explicandum est.
5) Vgl. hauptsächlich auch Ernst Meier in seiner geistreichen und gediegenen Recension der Schriften Daumer's und Ghillany's in den Theolog. Studien und Kritiken 1843, S. 1007—1053. Er nennt S. 1032 f. auch seine damaligen Vorgänger. In neuerer Zeit hat hauptsächlich Schrader in den Theolog. Studien und Kritiken 1874, S. 324—332 die auch von mir befolgte Auslegung vertheidigt, und er hält sie in der 2. Aufl. von „Keilinschriften und A. T." 1883, S. 442 f. fest.
6) Und wie Wasser soll sich daher wälzen Gericht, und Gerechtigkeit wie ein ausdauernder Strom.

durch Hinweis auf eine schon dagewesene Sistirung des Cultus beschwichtigen, also einen von ihnen zu erwartenden Einwand abschneiden soll. Zweitens aber durfte Daumer auch bei seiner perfectischen Auffassung des 26. Verses dem Propheten nicht die Idee zuschreiben, Israel habe zur Zeit der Wüstenwanderung noch nicht Jahweh (z. B. v. 20. 27) gekannt. Denn richtig hat Meier a. a. O. S. 1031 bemerkt: „Die Opfer, nicht das mir (לי) sind durch die Fragepartikel (v. 25) als das Wichtigste bezeichnet" und „Amos will nach v. 21—24 offenbar beweisen, dass Jahweh ihre Opfer nicht verlangt". Also hat Daumer umsonst geeifert (S. 49): „Mit diesen hochwichtigen Zeugnissen der Propheten muss einmal Ernst gemacht werden, und es ist eine Schmach für die Historie und den menschlichen Geist, dass es nicht schon längst geschehen. Doch hat unsere Zeit bereits begonnen (vgl. Vatke S. 191), auf diese Aussprüche das gebührende Gewicht zu legen, und auf diese Weise eine ganz neue alttestamentliche Geschichte Israels zu begründen".

S. 66 f. erinnert Daumer an die Stellen Hes. 16, 1 ff.; 20, 4 ff.; 23, 1 ff. Aber ebensowenig, wie Jemand leugnen wird, dass dieser Prophet thatsächlich[1]) dem aus Aegypten ausziehenden Israel Neigung zur Abgötterei zugeschrieben hat, ebensowenig kann Jemand zugeben, dass der Prophet mit seinen Worten dem mosaischen Zeitalter die Kenntnis des Offenbarungsgottes absprechen wollte. Wenigstens nach Hesekiels historischem Bewusstsein bestand also die Identität seines Gottes mit dem Gotte Mose's. Wer aber will sich erlauben, mit Vernachlässigung dieses nothwendig auch von seinen Zuhörern getheilten geschichtlichen Bewusstseins des Propheten die Religionsgeschichte Israel zu construiren?[2])

2) Es sagen aber nun gegenüber der Annahme, dass die Majorität Israels die höhere Gottesanschauung Mose's theilte,

---

1) Vgl. z. B. Hes. 16, 8: „Sie rebellirten gegen mich und wollten nicht auf mich hören, jeder warf nicht die Greuel seiner Augen weg und die Klötze Aegyptens verliessen sie nicht, und ich drohte, meinen Grimm über sie auszuschütten, um meinen gegen sie innerhalb Aegyptens gehegten Zorn zum Abschluss zu bringen".

2) Gegenüber Ghillany a. a. O. S. 27 f. vgl. auch noch bei Dillmann, Über den Ursprung der alttestl. Religion (1865), S. 5 f.; Herm. Schultz, Bibl. Theologie des A. T. (1878), Cap. IX, 2. 11; Öhler § 26, 4; Kurtz, Geschichte des Alten Bundes II, S. 40 f. 418—421.

Gramberg (I, S. 436 ff.), Vatke¹) etc., dass der Abfall Israels in der Wüste und der darauf in Canaan folgende Götzendienst Israels nicht verständlich, ja unmöglich bleibe, wenn das Israel Mose's eine höhere Stufe der religiösen Entwickelung eingenommen habe. Wieviel man doch ohne zwingende Gründe in Abrede zu stellen wagt! Es soll also die alte Vorstellung nicht richtig sein können, dass Israel von der höheren Gottesanschauung zur niedrigeren sich verirrte? Aber giebt es denn nicht eine sichere Thatsache, welche für die Richtigkeit der alten Geschichtsbetrachtung spricht? Hat denn nicht Israel factisch leicht zu neuen Gottesvorstellungen und Cultusarten sich hingewendet? Hat nicht Israel, wie zu den Göttern der Canaaniter²), so zu denen der Moabiter und Ammoniter, dann zum Dienst des Himmelsheeres³) und der Himmelskönigin geneigt? Mit andern Worten, haben nicht die Israeliten mit der Ausbreitung ihrer Berührungen anderer Völker, mit der Ausdehnung ihrer politischen Beziehungen bereitwillig ihr Herz erst der Religion der in ihrer Mitte fortwohnenden Canaaniter, darauf derjenigen der nächsten Nachbarn und endlich derjenigen der weiter entfernten Nationen gewidmet?⁴) Hat ferner Israel sich nicht auch ohne Zweifel in Bezug auf ge-

---

1) S. 181—183, z. B. 183: „Ein Individuum kann zwar aus Irrthum und Schwäche auf eine untergeordnete Stufe herabsinken, nicht aber ein ganzes Volk, wenn das Bewusstsein der (Geistigkeit und der) Einheit Gottes wirklich auf lebendige Weise in ihm war."

2) Vgl. darüber Smend, Zeitschrift für die alttestl. Wissenschaft 1882, S. 107, Anm.

3) Die Warnung, zu dienen „allem Heer des Himmels" (Deut. 4, 19; 17, 3) weist das Deuteronomium bestimmt in die assyrische Periode der Geschichte Israels (circa 770 ff.). So richtig Riehm, die Gesetzgebung Mosis im Lande Moab (1854), S. 23. Man kann in den genannten Stellen nicht mit Kleinert (Das Deuteronomium und der Deuteronomiker 1872, S. 109—113) blos alten Sabäismus finden. Denn der Dienst vor „allem Heer des Himmels" ist eine neue, characteristische Phase des Gestirndienstes, nämlich die auf den älteren Cult der Sternpersonification (Baal und Astarte) folgende directe Verehrung der Sterne selbst, welche jedenfalls nicht ausser Causalnexus mit dem Vorwärtsschreiten der assyrischen Macht in Israel eindrang (2 Kön. 17, 16; 21, 3. 5; 23, 4 f.; 2 Chr. 33, 3; Jer. 8, 2; Zeph. 1, 5), wenn auch im Deuteronomium die „Melecheth des Himmels" d. h. die Mondgöttin (Jer. 7, 18; 44, 17 ff.) nicht genannt ist.

4) Auf diesen wichtigen Umstand hat, wie ich jetzt sehe, bereits Cäsar von Lengerke (Kenâan, Volks- und Religionsgeschichte Israels 1844, S. 552 f.) auf Grund von Hes. 16, 15—29 aufmerksam gemacht.

schlechtliche Ausschweifungen von der sarkischen Art der Canaaniter beeinflussen lassen?¹) Wenn nun Israel in der Erweiterung seines Pantheons gegen das Exil hin immer weiter fortgeschritten ist und sich überhaupt für fremde Cultureinflüsse zugänglich gezeigt hat, so kann es nicht als unmöglich oder auch nur schwer begreiflich hingestellt werden, dass Israel in seiner Majorität eine ihm bekannte und auch von derselben anerkannte Religionsstufe verlassen hat.²)

3) Demnach ist die Tradition des A. T., dass die Zeitgenossen Mose's im grossen und ganzen sich zu dem Gotte der Väter bekannten, als dessen Herold und Werkzeug Mose auftrat, für richtig zu erklären. Mit dieser seiner richtigen Überlieferung will das A. T. nicht behaupten, dass die Volksgenossen Mose's ihm an Fähigkeit, die Religion zu erfassen, an primärer Erkenntnis der religiösen Thatsachen gleich waren³); aber es will die auch wirklich keineswegs zu beanstandende Behauptung machen, dass bei den Familienhäuptern des mosaischen Israel die Erinnerung an den Gott der Vorfahren aufgefrischt, dass sie von der Sendung Mose's überzeugt und zur Anerkennung ihrer ausserordentlichen Errettung als einer Heilsthat des Erzvätergottes geneigt gemacht werden konnten.⁴)

II. Nicht nach der Majoritätsreligion, sondern nach der legitimen Religion des vorprophetischen⁵) Israel

---

1) So richtig auch Riehm im Artikel „Unzucht" seines „Handwörterbuchs des Bibl. Altertums" S. 1701.

2) Ich brauche also Kuenen, Wellhausen etc. nicht noch vollends darauf hinzuweisen, dass ja nach ihrer Meinung sogar der Nabiismus von den Canaanitern zu den Israeliten sich verbreitet hat. Vgl. dagegen meinen „Offenbarungsbegriff des A. T." I, S. 57 ff. 63 ff.

3) Wenn etwa Jemand einen Grund, an der Richtigkeit der alttestl. Tradition zu zweifeln, aus den Worten Dillmanns (l. c. S. 28) heraussuchen wollte: „Die neuen Stoffe religiöser Erkenntnis zu finden, ist nicht Sache eines Jeden, der durch die Thatsachen religiös ergriffen ist, sondern kommt nur den geistig höher stehenden zu etc."

4) Diese Anschauung des A. T. will auch v. Lengerke (Kenáan, S. 376—383) nicht beseitigen, obgleich er nach meinem Urtheil mit zu starken Worten von dem „gottentfremdeten Zustand des erst durch Mose mit Jahweh vermählten Israel" gesprochen hat.

5) Unter „vorprophetischer" Zeit pflegt man jetzt die den Schriftpropheten vorhergehende Periode der Geschichte Israels, also die Zeit bis ungefähr 800 herab, zu verstehen. Dass in jener Benennung die Geistes-

ist zu fragen. — Will man vorsichtig die Religion des älteren Israel erforschen, so ist gar nicht einmal die Gottesvorstellung der Mehrheit des mosaischen Israel, sondern die rechtmässige Religion desselben an den Anfang der Entwickelung zu setzen. Denn eine solche rechtmässige Religion des mosaischen Israel könnte bestanden haben, wenn sie auch nicht bei der grossen Masse der Volksgenossen Mose's Beifall gefunden hätte. Dies ist sicher, weil ja auch die Religion der Schriftpropheten trotz des Unglaubens grosser Volkstheile existirte, weil ja auch die als ohne Zweifel an sich richtig geltenden religiösen und ethischen Anschauungen der Schriftpropheten von dem geistlich schlaffen oder trotzigen Gros ihrer Volksgenossen vernachlässigt wurden. Demnach ist diejenige Religion des vorprophetischen Israel zu eruiren, bei deren Anerkennung die Seele des alten Israeliten frohlockte, bei deren Verleugnung sein Gewissen schlug; bei deren Pflege er sich mit den alten Heroen seines Stammes eins wusste, freudig zum Himmel blickte und getrost der Zukunft entgegensah; in deren Besitz er sich als die gottbegnadete Elite der Völkerwelt wusste und die fremden Gottesvorstellungen verachtete; deren Verlust wie ein verlorenes Paradies die Saiten seiner Gefühlswelt zur Wehmuth stimmte, und deren Vertheidigung wie ein behres Ideal seine Seele mit Licht und Gluth erfüllte. Also ist an den Anfang der Religionsgeschichte Israels dasjenige Gottesbewusstsein zu setzen, von dem das ganze A. T. gemeint hat, dass es allein der getreue Ausdruck der vom erkenntlichen Israel beim Genusse der göttlichen Wohlthaten zu hegenden Gefühle, dass es allein die selbstverständliche Antwort eines dankbaren Herzens auf die den Israeliten von Gott erwiesene Fürsorge sei.

Dass aber schon in den frühesten Zeiten Israels eine Vorstellung desselben von der in seiner Mitte bewirkten Gottesoffenbarung und von der gegen dieselbe zu beweisenden Treue sowie Dankbarkeit angesetzt werden muss, wenn die gesammte spätere Religionsgeschichte Israels nicht unverständlich werden soll, dies hat auf treffende Weise schon De Wette in den Sätzen anerkannt, mit welchen er seine Besprechung [1]) der Vatke'schen Schrift geschlossen hat. Ich glaube, diese Sätze als Ausdruck einer Er-

---

einheit des gesammten israelitischen Prophetenthums verkannt wird, darüber vgl. meine ausführliche Darstellung im „Offenbarungsbegriff des A. T." I, S. 65—71 etc.

1) Theologische Studien u. Kritiken 1837, S. 947—1003.

kenntnis, bei welcher die Kritik des A. T. stehen bleiben muss, der Vergessenheit entreissen zu sollen. Sie lauten: „Vatke hat der vorzulegenden Entwickelung Vieles geopfert, manche durch die Tradition geheiligte Annahme, manches persönliche Verdienst[1]), aber auch, was uns das Wichtigste erscheint, eine auszeichnende Eigenthümlichkeit des hebräischen Volkes, nämlich die, dass in ihm von Anfang an wie in keinem Volke das Gewissen rege ist und zwar das böse Gewissen, das Schuldgefühl, das Gefühl, dass ihm eine hohe Aufgabe gestellt ist, die es nicht lösen kann noch will, das Gefühl des Zwiespaltes zwischen Erkenntnis (Gesetz) und Willen, sodass in ihm die Sünde sich häuft und so recht zur Erscheinung kommt (Röm. 5, 20). Nach der naturgemässen Entwickelung, welche Vatke hergestellt hat, tritt aber dieses Gefühl bei weiten nicht so heraus. Nur wenn wir an die Spitze der ganzen Geschichte Israels einen grossen positiven Willensact, eine Gesetzgebung stellen, wodurch der Entwickelung vorgegriffen und ihr der Gang vorgeschrieben wird, entsteht jener Zwiespalt und die eigenthümliche Stimmung und Bewegung des hebräischen Volkslebens". Wollte Jemand gegen diese Worte opponiren, so könnte er mit Recht nur dies bezweifeln, ob De Wette an den Ausgangspunct der innern Geschichte Israels richtig eine Gesetzgebung gestellt hat. Denn allerdings wäre eine genügende Voraussetzung der von De Wette gut characterisirten Bethätigung des israelitischen Volkslebens auch eine dem Mose und seinen Zeitgenossen gemeinsame Erfahrung sowie Anerkennung des Offenbarungsgottes, ein in der grossen Zeit der Errettung aufkeimender Entschluss, den die Götter Aegyptens überragenden Gott treu zu verehren. Durchaus aber nicht kann dies bestritten werden, dass ein Bewusstsein von dem sein Volk mit starker Hand und ausgerecktem Arm aus der Knechtschaft herausreissenden und auf Adlersflügeln zu sich tragenden Gotte schon im frühesten Israel als die Seele existirt hat, welche den Pulsschlag seines religiösmoralischen Lebens rege erhielt. Denn alle grossen Geister des alten Israel haben sich nicht als Anfänger, sondern als Wiederhersteller eines in der Jugend[2]) Israels vorhanden gewese-

---

1) Dieser Ausdruck De Wette's bezieht sich darauf, dass Vatke den Mose fast ganz auf das Niveau seiner Zeitgenossen herabgedrückt hatte.
2) Hos. 11, 1: Da Israel jung war, gab ich ihm einen besonderen Beweis meiner Liebe, indem ich ihn, meinen Sohn, aus Aegypten rief.

nen Stadiums seines Volkslebens angesehen. Also durchaus muss dieser Umstand im Auge behalten werden, dass alle besten Vertreter der Nation Israel durch ihr eigenes Bewusstsein und durch die Erinnerung ihres Volkes genöthigt wurden, sich trotz der Gluth ihres Eifers und trotz der Energie ihres Wollens doch nur die Rolle von Reformatoren zuzuschreiben, vermöge welcher sie an vergangene Gottestreue erinnerten und zur Bethätigung der Menschentreue ermahnten (Jes. 1, 2 f.; Jer. 8, 10—13 etc.) — In Folge dessen ist derjenige religiöse Besitz des vorprophetischen Israel festzustellen, bei dessen Bewahrung die frommen Herzen des alten Israel ihr religiös-sittliches Gewissen unverletzt wussten.

III. Die legitime Religion des vorprophetischen Israel ist zunächst aus formalen Gesichtspuncten die gemeinsame Gottesanschauung Mose's, der Frommen Israels, der That- und der Schriftpropheten gewesen. — Dass die Geisteseinheit der Schriftpropheten und der älteren besten Vertreter ihres Volkes immer, soweit nicht von den Schriftpropheten selbst das Gegentheil behauptet wird, vorausgesetzt werden muss, dies wird nicht nur durch den (unter Nr. II) erwähnten negativen Umstand begründet, sondern ist auch positiv dadurch gesichert, dass die Schriftpropheten sich an die älteren Religionsheroen ihrer Nation anschliessen und eine relativ vollkommene religiöse Entwickelungsstufe ihres Volkes erneuern wollen.

Denn um von Noah (Hes. 14, 14. 20; Jes. 54, 9) und seiner „Gerechtigkeit" zu schweigen, so setzen auch die Schriftpropheten ihre Hoffnung auf Abraham und Jacob, weil ihnen der Offenbarungsgott Treue und Gnade zugeschworen hat (Mi. 7, 20; vgl. Jer. 33, 26; Hes. 33, 24; Ps. 105, 6), gilt auch ihnen Abraham als Liebhaber ihres Gottes (Jes. 41, 8) und Jacob als derjenige, durch dessen Vermittelung Gott mit ihrer Nation sprach (Hos. 12, 5). Mose ferner ist nicht so selten ausdrücklich von den Schriftpropheten erwähnt, wie Ghillany[1]) entdeckt zu haben meinte. Es ist sogar dasjenige nur formal richtig, was von der Alm S. 179 mit Emphase aussprach: „Micha ist der einzige unter

---

1) A. a. O. S. 27: „Ein wichtiger Umstand, der meines Wissens noch nicht berücksichtigt wurde, ist dieser, dass der Name Mose, ausser bei dem nachexilischen Maleachi (4, 4) und Daniel (9, 11. 13), in gar keinem Propheten vorkommt; mir wenigstens ist dieser Name nirgends in den Propheten zu Gesicht gekommen".

den Propheten, die Mose erwähnen, der vor dem Jahre 622 gelebt hat".¹) Denn Hosea (12, 14) sagt: „Durch einen Propheten hat Jahweh Israel aus Aegypten herausgeführt und durch einen Propheten wurde es behütet". Da hat er selbstverständlich ebenso den Mose im Sinn, wie wenn Jeremia (7, 25) berichtet: „Seit dem Tage, da euere Väter aus Aegypten herausgegangen sind, bis zu diesem Tage sandte ich zu euch meine Knechte, die Propheten". Also müssen beide Stellen zu Micha 6, 4 und Jes. 63, 11, wo Mose ausdrücklich genannt ist, hinzugefügt werden.

Es kommt aber gar nicht einmal auf diese einzelnen bei den Schriftpropheten gefundenen Citirungen Mose's, als vielmehr darauf an, dass auch bereits die ältesten Schriftpropheten sich als gemeinsame Besitzer einer Norm gewusst haben, nach welcher das religiös-ethische Verhalten Israels zu messen war. Dies steht, so wenig auch die alte Meinung, Mose sei der primäre Urheber des gesammten Pentateuchgesetzes, festgehalten werden kann,²) ausser allem Zweifel. Denn die Propheten kennen eine Thorah als bleibende Norm der Pflichten Israels, welche sich von der fortgesetzten, auf einzelne neue Anliegen Israels bezüglichen Weisung Jahwehs bestimmt unterscheidet.³) Ferner beginnt Amos

---

1) Ueberdies will er, um auch diese vorjosianische Erwähnung Mose's zu beseitigen, die fragliche Michastelle als eine Interpolation auffassen.

2) Vgl. die umfassende Begründung dieser Negation in meinem „Offenbarungsbegriff" des A. T." II, S. 321—332. Seitdem hat nun Driver im Journal of Philology, vol. XI (1882), p. 201—233 Giesebrechts Beweis seiner Stringenz, seiner entscheidenden Kraft berauben wollen. Aber er gesteht selbst p. 232 in Bezug auf אנכי und אני, dass ihm dies nicht ganz gelungen ist. Auch ist seine Beweisführung nicht methodisch, vgl. p. 209 über לב und לבב, wo er nicht den vom ersteren zum letzteren fortschreitenden Thatbestand des Sprachgebrauchs genau entfaltet. Vollends Maybaum mit seinem Aufsatz „Zur Pentateuchkritik" (Zeitschrift für Völkerpsychologie und Sprachwissenschaft 1883, S. 191—202) hat mir nicht bewiesen, dass der Sprachbeweis keine Auctorität besitze. Böhl (Zum Gesetz und Zeugniss 1883) und Pressel (Geschichte und Geographie der Urzeit 1883) haben in ihren literarkritischen Bemerkungen den Sprachbeweis nicht gewürdigt. Endlich Roos (Die Geschichtlichkeit des Pentateuch etc. 1883) gesteht selbst (S. 166): „Wir meinen nicht durch unsere Untersuchung nachgewiesen zu haben, dass die kirchliche Anschauung, welche die Glaubwürdigkeit [des Pentateuch] und die Geschichtlichkeit [seiner Gesetzgebung] festhält, nach den geschichtlichen Thatsachen die allein mögliche und von jedem notwendig anzunehmende sei".

3) Siehe die ausführliche Erörterung dieses wichtigen Punktes in meinem „Offenbarungsbegriff des A. T." II, S. 334 f. 343—349.

seine gegen das Zweistämmereich gerichtete Strafrede mit den Worten (2, 4): „Wegen drei Frevel Juda's und wegen vier werde ich es [den Strafbeschluss] nicht rückgängig machen, nämlich weil sie die Weisung Jahwehs verworfen und seine Satzungen nicht beobachtet haben". Es kann nicht das Urtheil aufgegeben werden, dass der Prophet gemäss dem von ihm gewählten Ausdruck תקרה eine fixirte Gesetzgebung seines Gottes voraussetzt.[1]) Überhaupt aber ist das zweite und dritte Capitel des Amos geeignet, jedem, welcher die Religionsgeschichte aus ihren eigenen Quellen und nicht nach Vorurtheilen construiren will, die zwischen der Schriftprophetie und der vorausgehenden religiösen Entwickelung Israels waltende Beziehung zu malen. Denn in diesen Capiteln wird nicht blos eine sittliche Norm vorausgesetzt, gemäss welcher die Vergewaltigung der Armen Strafe nach sich ziehen muss (2, 6—8), sondern der Schriftprophet weiss sich als Pfleger der heiligsten Erinnerungen seiner Nation (2, 9. 10), als Patron der gemisshandelten Nasiräer und Propheten (2, 11. 12), als Mitglied der Ritterschaft, welche die Herolde des durch Real- und Verbalmanifestation sich kundgebenden Gottes sind (3, 8).[2])

So wenig darnach in den Fundamenten der Religion zwischen den Schriftpropheten und den sogenannten Propheten der That eine Kluft angesetzt werden kann, so wenig ist auch zwischen den Propheten und dem Priesterthum als solchem eine Discrepanz vorhanden,[3]) und sie kann am wenigsten in Bezug auf die Gottesvorstellung vorausgesetzt werden, weil nur in Bezug auf Ausgestaltung des Cultus besondere Tendenzen des Priesterthums begreiflich sind. Wenn wir uns endlich noch darauf besinnen, dass auch David schon von Amos nicht einmal als Harfenspieler mit geringschätzigem Urtheil (6, 5),[4]) aber als gottbegnadeter

---

[1]) Die nicht direct von den Propheten stammenden Schriften des A. T. haben also mit Recht dem Mose eine hervorragende Rolle unter den Organen des Offenbarungsgottes zugeschrieben (Exod. 33, 11; Num. 12, 6—8; Deut. 34, 10).

[2]) „Mein Herr Jahweh thut nichts, ausser er hat seinen Plan seinen Knechten den Propheten geoffenbart".

[3]) Ich erinnere nur z. B. an den Priester Uria, den Zeugen Jesaja's (8, 2).

[4]) Gegen Vatke, welcher S. 293 auf diese Amosstelle das Urtheil gründete: Die davidische Muse hatte schwerlich die vorherrschend religiöse Tendenz, wie sie ein späteres Zeitalter erst voraussetzte.

Begründer der bleibenden Herrscherfamilie Israels (9, 11) erwähnt wird: so müssen wir den Schluss ziehen, dass bereits die ältesten Schriftpropheten in David den von ihrem Gotte zu besonderer Gnade angenommenen Fürsten erkannt, dass sie sich demnach mit Nathan (2 Sam. 7) eins gewusst haben, und dass schon nach ihrem Urtheil mit Recht diese Nathansweissagung, wie durch David (2 Sam. 23, 1—7), so durch andere Dichter (Psalm 2. 89 etc.) reproducirt worden ist.

Durch negative und positive Momente ist es also erwiesen worden, dass die von den Entwickelungstheoretikern in immer neuen Wendungen¹) aufgestellte Ansicht, die Schriftpropheten hätten eine Veränderung der älteren rechtmässigen Religion Israels herbeigeführt, wenigstens zunächst a priori oder, besser gesagt, vom formalen Rechte aus falsch ist.

Die Bedeutsamkeit des jetzt zunächst betrachteten formalen Argumentes, welches für die Identität der vorprophetischen und der prophetischen Gottesanschauung spricht, erhält durch folgenden Umstand eine Steigerung. Nämlich, obgleich dies im Hinblick auf die von den Propheten gegen ihre Volksgenossen eingenommene Richterstellung die reinste Willkür wäre, so könnte doch Jemand die Behauptung wagen, dass die Tragweite des dargelegten formalen Grundes nur eine beschränkte sei, weil, wie die Alten überhaupt, so die Israeliten und also auch die Propheten keinen Blick für historische Entwickelung besessen, kein Interesse für das Werden der Dinge gehabt hätten. Durch diese Behauptung würde er aber nur Gelegenheit geben, ihn eines generellen und eines speciellen Irrthums zu überführen und das Gewicht der vorausgehenden Auseinandersetzung erst in seiner vollen Schwere erscheinen zu lassen.

Denn erstens haben die alttestamentlichen Geschichtsbücher an vielen Stellen bemerkt, wenn ein Anfang oder eine Veränderung im Culturzustande eingetreten ist; so von den Bemerkungen über die Begründer des nomadisirenden Lebens, der Musik und

---

1) Um es begreiflich zu machen, dass die Religion Israels etwa seit dem Jahre 700 eine neue Gestalt angenommen habe, glaubte Ghillany S. 50 f. sogar daran erinnern zu dürfen, dass „die Anfänge einer versuchten Reinigung der Religion in Palästina mit denen in Medien durch Zoroaster so ziemlich in dieselbe Zeit fallen" und dass „der Prophet Jeremia, der sich in seinen religiösen Vorstellungen weit über sein Zeitalter erhob, ein entschiedener Freund der Chaldäer ist".

der Erzbearbeitung an (Gen. 4, 20—22 etc. etc.).[1]) Zweitens hat gerade auf dem Gebiete der Religionsgeschichte Israel mit bemerkenswerther Treue die **wirklichen** Stufen seines Fortschrittes und Rückschrittes in seinen Annalen verzeichnet. Denn, um mich jetzt nur auf diese Hauptsache zu beschränken, Israel hat Mose's Wirksamkeit als eine Epoche des historischen Verlaufs überliefert, hat vom Uebergang der patriarchalischen Religionsentwickelungsphase zu der mosaischen berichtet, indem es mit Mose's Person die Verkündigung eines neuen Gottesnamens[2]) und die Aufstellung eines neuen religiös-ethischen **Grundgesetzes**[3]) verknüpfte. Und man kann nicht etwa entgegnen, dass Israel auf den Mose, wie auch andere Völker auf einen bedeutenden Geist, den Ursprung aller seiner religiös-sittlichen Praerogativen zurückgeführt habe. Denn auch Jakob-Israel und noch mehr Abraham galten den Israeliten als die geistigen (wie leiblichen) Väter ihrer Nation, als Vorbilder und Anfänger des höheren individuellen Lebens ihres Volkes. Wäre demnach der Satz richtig, dass Israel die Fixirung seiner Ideale in blinder Willkür, ohne historischen Anhalt möglichst weit in die Vergangenheit zurückgetragen habe: so müsste Israel ohne Markirung von Epochen alle höheren Anfänge seines nationalen Lebens vom ältesten Heros hergeleitet haben.

Fernerhin hat Israel wieder andererseits sich durch seinen angeblichen Mangel historischen Sinnes weder dazu verführen lassen, neben der Zeit Mose's als der einzig hohen die vorausgehende Periode als ganz tief hinzustellen, noch auch dazu, die ganze auf Mose folgende Zeit als gleichmässig schlimmen Rückschritt zu bezeichnen. Israel hat vielmehr so viel geschichtliche Kunde und so viel Sinn für deren treue Bewahrung besessen, dass es zwischen Abraham und Mose eine relativ hohe Vorstufe[4])

---

1) Siehe die umfassende Stellensammlung in meinem „Offenbarungsbegriff d. A. T." 1, S. 164.

2) Die Anerkennung des Tetragramms als der besten Bezeichnung des mit der Menschheit sich verbündenden Gottes.

3) Die Constituirung neuer Bundesbedingungen.

4) Die Bedeutung dieser Thatsache ist also ganz einseitig aufgefasst worden von Maybaum, wenn er in „Die Entwickelung des israelitischen Prophetenthums" (1883), S. 3 sagt: „Gerade dass die Biblischen Erzähler eine Vorstufe des Mosaismus für die Patriarchen in Anspruch nehmen, zeigt, dass auch sie an eine Art von Entwickelung dachten". Aber vollends willkürlich, weil mit zahlreichen Spuren des geschichtlichen

seiner durch Mose endgiltig in ihren Fundamenten festgestellten Gottesanschauung im Gedächtnis der Generationen erhielt sowie endlich schriftlich fixirte. Ebenso hat Israel den mit dem Wandel seiner politischen Verhältnisse im auffallenden Connex [1]) stehenden Fortschritt des Abfalls der Gottlosen festgehalten und jeder Zeit sowie jeder einzelnen Person ihren speciellen Antheil am religiös-sittlichen Dunkel der vergangenen Jahrhunderte bewahrt.

Gegenüber dieser allgemeinen, vielfach beobachteten Treue, mit welcher Israel die verschiedenartigsten Wechsel seines Gesammtlebens in ihrer zeitlichen Bestimmtheit und zeitgeschichtlichen Verknüpfung conserviert hat, kommt es erstens überhaupt nicht in Betracht, wenn wirklich die älteren Quellen der Ur- und Patriarchengeschichte die erst in Mose's Zeit zu seinem Eigennamen von Gott erwählte Bezeichnung „Jahweh" bereits in der vormosaischen Periode verwenden, und wenn die jüngeren Quellen der nachmosaischen Geschichte zur Beurtheilung der in ihr auftretenden Erscheinungen einen erst später fixirten Maassstab [2]) verwendet haben. Ueberdies aber war mit jener in vormosaischen Erzählungen befindlichen Verwendung des Jahwehnamens keine Alterirung der religionsgeschichtlichen Erinnerung Israels beabsichtigt, weil auch der Jahwist (Exod. 3, 1 ff.), wie der Elohist (6, 2 f.), den Offenbarungsgott erst dem Mose gegenüber den Namen Jahweh adoptiren lässt. Der deuteronomistische Beurtheiler der nachmosaischen Geschichte aber sagt nicht ausdrücklich, dass die Forderung der Cultusstätteneinheit bereits seit Mose existirt habe, sondern beklagt nur, dass die Könige auch nach Salomo's Tempelbau (1 Kön. 3, 2) noch nicht das durch denselben nahe gelegte Ideal der von den treuen Priestern gegen jeglichen Abfall leicht zu schützenden einzigen Cultusstätte erfasst hatten. Und wenn nun auch endlich der Deuteronomiker wirklich in Mose's Zeit selbst die Tendenz, den Gottesdienst zu centralisiren, zurückdatirt hat: so ist er erstens kein Prophet gewesen, während

---

Sinnes Israels streitend ist es, wenn man (vgl. Wurster in der Zeitschrift für die alttestl. Wissenschaft 1884, S. 127 f.) annimmt, ein israelitischer Geschichtsschreiber habe die das Heidenthum überragenden Elemente der Offenbarungsreligion in vorsinaitische und in -sinaitische aus grundloser Redexion, aus apriorischer Theorie vertheilt.

1) siehe darüber oben S. 11 f.

2) Die erst im Deuteronomium formulirte Forderung der Einheit der Cultusstätte.

ein Prophet die Alterirung der Thorah Jahwehs getadelt hat (Jer. 8, 8). Also ist den Propheten nicht ebenderselbe Grad der Abirrung von der Tradition zuzuschreiben. Zweitens spielte bei der Concentrirung des Cultus trotz ihres idealen Zweckes, durch die Priestercontrole die abgöttische Ausartung desselben zu verhüten, doch die Wahrung der Sonderinteressen der jerusalemischen Priester eine Nebenrolle. Ich glaube aber hinsichtlich der Zuverlässigkeit der israelitischen Geschichte nur den Satz [1] vertheidigen zu müssen, dass die alttestamentliche Tradition in ihren Grundzügen und in ihren die ganze Nation betreffenden Puncten als sicher betrachtet werden muss. Drei Gründe nöthigen mich aber zu diesem meinem Fundamentalsatz von der substantiellen Richtigkeit der altisraelitischen Tradition. Nämlich a) finden wir in Israel eine Masse Spuren (vgl. meinen „Offenbarungsbegriff des A. T." I. S. 164), wonach der Sinn für Fortpflanzung der mündlichen Ueberlieferung von Generation zu Generation lebendig war. b) Israel hat verhältnismässig bald schriftliche Documente seiner historischen Vergangenheit besessen: Die zehn Worte; das Bundesbuch, welches mit der ältesten Phase der Cultusgeschichte Israels übereinstimmt. etc.: dann die historischen Lieder. wie der Grundstock von Exod. 15: ferner das Deboralied. welches auch nach Stade (Geschichte S. 49) „unter dem unmittelbaren Eindrucke des von ihm besungenen Sieges entstanden ist": etc. c) Es kann kein Motiv oder Gesichtspunct ausfindig gemacht werden, aus oder unter welchem die Nation Israel die wesentlichen Züge ihrer Volkstradition erdichtet hätte. z. B. die drangsals-, aber auch siegesvolle Auswanderung Israels aus Aegypten.[2]) Drittens in der uns jetzt beschäftigenden Frage handelt es sich nicht blos um die Möglichkeit, dass die Propheten eine alte historische Erinnerung ihres Volkes vernichtet hätten. sondern um

---

1) Vgl. meine Beiträge zur Biblischen Chronologie in der „Zeitschrift für kirchliche Wissenschaft und kirchliches Leben" 1883. S. 281.
2) Nicht soweit. wie Seinecke (Geschichte Israels, I. S. 1.) und Popper (a. a. O. S. 95. 121. 126 ff.). geht in der Leugnung der historischen Basis der altisraelitischen Tradition Stade in seiner „Geschichte Israels". Doch sagt auch er (S. 129): „Hat irgend ein hebräischer Clan in Aegypten sich einst aufgehalten. so weiss Niemand seinen Namen". Es haben aber mit Recht sowohl Smend in der „Zeitschrift für die alttestl. Wissenschaft" 1882. S. 119 als auch Wellhausen im Artikel „Israel" in der Encyclopaedia Britannica XIII. S. 400 f. den Auszug Israels als einer Nation aus Aegypten als Anfangspunct der Geschichte Israels festgehalten.

die Möglichkeit, dass sie den in ihrer eigenen jedesmaligen Gegenwart vorhandenen religiös-ethischen Bewusstseinsinhalt ihrer Zuhörer vernichtet und die Neuheit ihrer Anschauungen nicht etwa blos verdeckt, sondern als graues Alterthum geltend gemacht und auf Grund dieser Fiction die Miene des Busspredigers und Gerichtsvollziehers sich angemasst hätten. Die Propheten haben ja auch nicht nur bemerkt, wo sie im Gegensatz gegen die falsche directgöttliche, mosaische Herleitung des detaillirten Cultusgesetzes standen (Amos 5, 21 ff. etc. etc.), sondern sie haben es auch ausdrücklich gesagt, wo sie einen alten Satz der Menschen bekämpfen; vgl. z. B. Jer. 31, 29; Hes. 18, 1 ff.

Aus allen diesen Gründen kann nicht daran gedacht werden, dass den negativen und positiven Argumenten, wonach die religiössittlichen Voraussetzungen der prophetischen Predigt altes Gemeingut des jahwehtreuen Israel gewesen sind, die Beweiskraft abgesprochen werde. Deshalb halte ich es für meine Pflicht, dem Princip, welches Kuenen selbst einmal hinsichtlich der Bedeutung des historischen Bewusstseins Israels ausgesprochen hat,[1]) dass nämlich die einhellige Aussage des A. T. über irgend einen Punct nur durch triftige Gründe ihrer Auctorität beraubt werden kann, nunmehr gegenüber seinen eigenen (und seiner Vorgänger sowie Nachfolger) Aufstellungen die möglichst zulässige Tragweite zu vindiciren.

IV. Zusammenfassung der formalen Betrachtungen und Uebergang zu den materialen Untersuchungen.

Wie nun aber, wenn zwar die Schriftpropheten um das Jahr 700 eine mit der ihrigen übereinstimmende Gottesanschauung Israels als die einzige legitime voraussetzen und fordern, aber nach der wirklichen und doch nicht aus Willkür dunkel gefärbten Geschichte des religiösen Verhaltens Israels eine von den Vorstellungen der Propheten abweichende Gottesvorstellung sich in Kopf und Herz Israels lebendig gezeigt hat? Die Antwort lautet, dass alle zwischen der Religion des vor- und ausserprophetischen Israels und derjenigen der Propheten vorhandenen Differenzen gemäss dem einheitlichen Urtheil der Propheten und des in der ganzen Volksliteratur sich aussprechenden Israel, also des ge-

---

1) De Godsdienst I, S. 397—401; vgl. die Uebersetzung seines interessanten Satzes unten S. 34!

sammten Nationalbewusstseins,[1]) theils als eine (mehr) aus der Schwachheit der Sarx[2]) fliessende Zurückwendung kleinerer oder grösserer Kreise der Nation zur vorabrahamischen oder vormosaischen Religionsstufe, theils als eine aus der Selbstsucht und Sinnlichkeit der Sarx[3]) geborene Hinneigung zu den Göttercülten der näheren oder entfernteren Nachbarn zu betrachten sind.

So weit also das vor den Propheten und neben ihnen lebende Israel von der durch die Propheten aufrechterhaltenen rechtmässigen Religion Israels abweicht, müssen wir z. B. mit Amos 2, 4[4]) und Hos. 2, 15 urtheilen, dass Israel seine in Abrahams und Mose's Zeit errungene Gottesnähe verlassen und in die Gottesferne zurückgesunken, oder weg von dem aus Geist bestehenden und den geistigen Menschenbestandtheil zumeist berücksichtigenden Gotte zu den für die gewöhnlichen Sinne und immer wahrnehmbaren sowie mit dem körperlichen Cultus zufriedenen Götzen abgewichen sind.

Ausserdem aber hoffe ich, die meisten von denjenigen Erscheinungen der überlieferten Geschichte Israels, in welchen die Entwickelungstheoretiker Anzeichen der niederen und der höheren

---

1) Ueber diesen Punct soll sich eine Abhandlung verbreiten, welche ich ausgearbeitet habe und noch in diesem Jahre in der „Zeitschrift für kirchliche Wissenschaft und kirchliches Leben" erscheinen zu lassen gedenke.

2) Matth. 26, 41 deute ich: Die σάρξ ist schwach im Kampfe gegen das Böse, aber stark im Anreizen zum Bösen.

3) So leite ich mit Paulus (Gal. 5, 19—21) aus dem falschen Persönlichkeitsstreben, Selbständigkeitstrieb, kurz, aus der Selbstsucht, dieser ersten Seite der activen σάρξ die εἰδωλολατρεία, das „Dienen dem Geschöpfe anstatt des Schöpfers" (Röm. 1, 25) ab. Beim Abfall zu den canaanitischen Culten, welche der Unkeuschheit grosse Concessionen machten, wirkte aber auch die zweite Seite der activen σάρξ, die Sinnlichkeit, mit.

4) So hat gesagt Jahweh: Wegen drei Vergehen Juda's und wegen vier werde ich es [das Strafgericht] nicht rückgängig machen, nämlich weil sie die Weisung Jahwehs verwarfen und seine Satzungen nicht beobachteten und liessen sich irreführen durch ihre Lügengötter, welchen ihre Väter nachgefolgt sind. Das muss auf den vormosaischen und vorabrahamischen Götzendienst sich beziehen (Jos. 24, 2. 14). — Hos. 2, 15: „Und ich werde an ihr [der Nation Israel, mit der Jahweh gleichsam ein Ehebündnis einging] die Tage der Baale heimsuchen, welchen sie räucherte etc., und welchen sie als ihren Liebhabern nachlief, während sie mich vergessen hat; Kundgebung Jahwehs".

Entwickelungsstufen, der vorprophetischen und der prophetischen Phase der Religion Israels entdeckt zu haben meinen,[1]) als nach richtiger Exegese des A. T. irreal erweisen zu können. Denn ich meine, von neuem darthun zu können, dass nach richtiger d. h. dem Gesammtgeiste des A. T. gerecht werdender Auffassung der betreffenden Stellen weder die angeblichen Spuren der (früheren) physischen Gottesvorstellung Israels die ethische ausschliessen, noch umgedreht der (spätere) ethische Gottesbegriff Israels ohne einen physischen Hintergrund gedacht worden ist. Ich hoffe also, den entwickelungstheoretischen Behauptungen gegenüber das Urtheil der prophetischen und nichtprophetischen Schriftsteller wieder zum klaren und beruhigten Bewusstsein meiner Leser bringen zu können, dass diejenigen Angaben des A. T., welche dessen Verfasser nicht selbst als Abirrung von den religiössittlichen Prärogativen des Volkes der speciellen Offenbarung erkannt haben, nur zwei Pole einer und derselben Gottesvorstellung sind. Demnach lautet den Entwickelungstheoretikern gegenüber meine Thesis: Die fragliche Entwickelung der israelitischen Religion erweist sich nur zum kleineren Theil als Realität (gottgewollte Ausgestaltung oder sündhafter Rückfall und Abfall), zum grösseren Theil aber als Irrealität.

Indem ich nun den letzten Theil des in Aussicht gestellten Nachweises unternehme, will ich der Reihe nach folgende Fragen beantworten.

V. Welche Entwickelung zeigt sich in der Benennung des legitimen Gottes Israels? — Was den Namen des vorprophetischen Gottes anlangt, so meinte Daumer, derselbe sei sowohl Kijjun (= Saturn Amos 5, 26)[2]), als auch Molekh[3]),

---

[1]) Ich nenne beispielsweise als angeblichen Beleg einer niedrigen Entwickelungsstufe der israelitischen Gottesanschauung die Erscheinungen Gottes als verzehrenden Feuers (Exod. 24, 17 etc.; Kuenen, De Godsdienst I, S. 240) und als angeblichen Beleg der an die Stelle der früheren tretenden höheren Entwicklungsstufe des 8. Jahrhunderts Aussprüche wie Jes. 10, 17 (Kuenen a. a. O. S. 49), wonach Jahweh sittliche Heiligkeit zukommt.

[2]) Vgl. die richtige Auslegung dieser Stelle oben S. 9 f.

[3]) Daumer will nicht blos a. a. O. S. 112 ff. aus Salomo's Freundschaft mit den Phöniciern sowie aus 2 Chron. 15, 8, wo doch nur von einer Reparatur des Altars die Rede ist, schliessen, dass der Brandopferaltar des Salomonischen Tempels ein Abbild des stierköpfigen Molekh

als auch endlich von alters her יהיה gewesen, bei „welchem in Vergleich mit היה, howa, howwa (Verderben, Vernichtung) die Bedeutung „„„der verderben wird"„" nahe liegt" (S. 11). In Bezug auf die Zeit, in welcher Israel anfing seinen Gott mit dem Tetragrammaton zu benennen, ist demnach Daumer nicht so skeptisch gewesen, wie v. Bohlen, welcher a. a. O. S. CIV den Satz billigte, es könne der Name Jahweh höchstens erst zu Davids Zeit in den religiösen Sprachgebrauch der Israeliten gekommen sein. Der letztgenannte Gelehrte berief sich zunächst darauf, dass Jahwehs Haushalt von dem Hofe eines Fürsten copirt sei, wie ihn nur die Zeit des fürstlichen Glanzes ausgebildet haben könne; denn Jahweh hülle sich in das Allerheiligste, er habe gleich einem morgenländischen Herrscher seine Boten, die vor ihm als seine Diener stünden, er lasse vor sich räuchern, sei eifersüchtig auf andere Götter, und ohne Geschenke dürfe Niemand vor ihm er-

gewesen sei, sondern auch aus 2 Sam. 12, 31 „David steckte Ammoniter במלבן", dass David ein Molekhdiener gewesen ist. Und doch hätte Daumer gerade an dieser Stelle, wenn er auch das Kethib für richtig hielt, sich darauf hinweisen lassen müssen, dass der Molekh der Nationalgott der Ammoniter war, weil eben nur Kriegsgefangene Ammons als Molekhopfer behandelt worden wären. (Ueber das Qeri vgl. jetzt Hoffmann in der Zeitschrift für die alttestl. Wissenschaft 1882, S. 66). Aber Daumer meinte ja ferner (S. 124) vermuthen zu dürfen, dass David nur wegen seiner Stellung zum Molekhdienst dem canaanitischen Priester Aravna seinen Opferplatz abgekauft habe, anstatt diesem Feind sein Eigenthum einfach wegzunehmen. Daumer hielt es auch (S. 129 f.) nicht für genügend, aus dem Vergleich von 2 Sam. 8, 15 ff.; 1 Kön. 4, 1 ff.; 1 Chr. 18, 14 den Schluss zu ziehen, dass erstens in den älteren gottesdienstlichen Verhältnissen Israels auch Nichtleviten ausnahmsweise Priesterstellung einnahmen und zweitens כהן auch noch einen andern Begriff als Priester ausdrückte; sondern er wagte die Behauptung, dass in den ursprünglichen Texten der genannten Stellen כהן als Molekh verstanden gewesen sei. Man höre noch, um seine famose Erklärung von 1 Sam. 13, 1 (S. 128) zu übergehen, die Quintessenz von S. 131—136: Als zu Eli's Zeit der alte Moloch-Jehovismus stark in den Hintergrund getreten war und ein Cultus von ganz verschiedenem Geiste (der die Sinnlichkeit begünstigende 1 Sam. 2, 22, mit dem Peor-dienst identische althebräische Esel-Dionysos-Wassercultus; Tac., Hist. 5, 3 f.) herrschend geworden war, ist es Samuel gewesen, welcher den altorthodoxen Dienst des Moloch-Jehova wieder in seine Stelle einsetzte; denn 1 Sam. 2, 30. 35 ist von einem Könige die Rede, während doch damals noch keiner da war, also ist unter dem dort genannten „Gesalbten Jahwehs" vielmehr das gesalbte, den Moloch-Jehova darstellende Idol zu verstehen!!

scheinen. Jedoch es liegt auf der Hand, dass die angegebenen Momente des Jahwehcultus erstens aus der Idee Gottes und aus der naturgemässen Stellung des frommen Menschen zu Gott ganz von selbst herfliessen, also nicht aus der bewussten Gleichstellung Jahwehs und der Fürsten hergeholt werden dürfen, und dass zweitens diese Vergleichung ihres Gottes mit einem morgenländischen Fürsten bei den Israeliten auch stattgefunden haben könnte schon ehe, ja gerade ehe sie selbst den irdischen Stellvertreter ihres himmlischen Königs besassen. Zur Zurückweisung dieses ersten Argumentes v. Bohlen's muss man also gar nicht, kann man aber nach meinem Urtheil auch kaum darauf hinweisen, dass das Räucheropfer erst nachjesajanischen Datums sein soll, wie Wellhausen [1]) will. Denn wenn nach ihm die qetōreth bis in die vorjeremianische Zeit nur Verdampfung des Fettes von Thieropfern sein soll, so spricht mir gegen die Richtigkeit dieser Ansicht dies, dass in Jes. 1 nicht bei den animalischen Opfern (v. 11), sondern erst bei der minchah, also bei dem vegetabilischen Opfer, mit welchem das Räucheropfer auch gemäss dem Priestercodex (Lev. 2, 1) verknüpft ist, die qetōreth erscheint (v. 13).

Weiter bemerkte v. Bohlen, dass alte, mit אל zusammengesetzte Eigennamen (Israel, Samuel etc.) mit und nach David immermehr verschwinden, oder doch solche mit יהו (z. B. Jehonathan) erst zu dieses Fürsten Zeit aufkommen, und dass יהושׁע bekanntlich Aenderung aus הושׁע (salus) sei. In diesen Worten hat v. Bohlen einen richtigen Punct berührt, ist aber in den daraus gezogenen Schlüssen über das richtige Ziel hinausgeschossen. Denn es ist allerdings Thatsache, dass Jahweh, wie es in den Eigennamen der vormosaischen Zeit nicht [2]) vorkommt, vor Samuel nur in den Namen Jokhebed (Exod. 6, 20 etc.), Jehoschua (Num. 13, 16) als neuer durch Mose gegebener Name des Hoschea (Num. 13, 8; Deut. 32, 44), Joas (Vater Gideons Richt. 6, 11), Jotham (9, 5. 7) und endlich Jonathan (Enkel Mose's 18, 30) er-

---

1) Geschichte Isr. S. 68 f.; Prolegomena S. 67.
2) Abgesehen von Morijjah, Achijjah, Abijjah und Bithjah (Gen. 22, 2 und 2 Chr. 3, 1; 1 Chr. 2, 25; 4, 8; 7, 18). Aber der Name des Tempelbauplatzes ist mit der Chronik (מריה) nach der dem David zu theil gewordenen Erscheinung Jahwehs (1 Chr. 21, 16) entstanden, und was die übrigen Namen anlangt, so kann die Chronik gemäss der Stellung, welche sie zum historischen Detail einnimmt, keine Gewähr dafür bieten, dass Jahweh schon in der Patriarchenzeit bekannt gewesen sei.

scheint. Aus diesen Thatsachen können aber nur folgende Anschauungen geschöpft werden. α) Gegenüber der in den jahwistischen Genesisabschnitten befindlichen Prolepsis des Jahwehnamens hat der Elohist sich richtig von der Vermischung der religionsgeschichtlichen Perioden ferngehalten (Exod. 6, 3). β) Wegen des Namens von Mose's Mutter ist, wenn dieser richtig überliefert[1]), zwar nicht mit Oehler-Delitzsch[2]) und Herrn. Schultz[3]) anzunehmen, dass der Jahwehname schon den Patriarchen in Canaan bekannt gewesen sei, aber wohl, dass er und zwar zunächst in der Familie Mose's in Aegypten Gott beigelegt worden ist.[4]) γ) Durch Mose schon ist dieser Name, welcher die Treue oder Beständigkeit des Verheissungsgottes auf glückliche Weise in einem kurzen Schibboleth ausprägte[5]), als Nomen proprium des Offenbarungsgottes verkündigt worden. Denn wir besitzen nicht den mindesten Anlass, die einhellige Tradition, von Mose rühre der Satz „Ich bin Jahweh, dein Gott" her, in ihrer Zuverlässigkeit zu bezweifeln: auch bleibt jene Umänderung des Namens von Mose's Nachfolger aus Hosea in Jehoschua ein unwegdeutbares Zeugnis von diesem historischen Bewusstsein Israels; man hätte doch in Israel eine andere Person zum ersten Herold dieses Gottesnamens gemacht, wenn es eine andere gewesen wäre; zwischen Mose und Samuel fällt ferner keine Epoche der israelitischen Religionsgeschichte, und endlich auch Samuels Beginnen trägt keinen productiven, sondern nur einen reformatorischen Character. Also muss es dabei bleiben, dass (wenigstens) seit Mose der Gottes-

---

1) Wie ich wegen der Bedeutung der Familie Mose's annehmen möchte.
2) Artikel „Jehova" in der PRE², VI (1879), S. 507.
3) Theologie des A. T. 1878, S. 490.
4) So auch Tholuck, Ueber den Ursprung des Namens Jehova (Verm. Schriften, Gotha 1867, S. 159—205), S. 201; Ewald, Lehre der Bibel von Gott I (1871), S. 336 f.; Nestle, Die israelitischen Eigennamen nach ihrer religionsgeschichtlichen Bedeutung 1876, S. 80; Friedr. Wilh. Schultz in Zöcklers Handbuch der Theolog. Wissensch. I (1882), S. 299; Kuenen, De Godsdienst I, 276: „Mose wird den Namen Jahweh wohl nicht ausgedacht haben; am allerwahrscheinlichsten war er bereits, in einem wie eingeschränkten Kreise auch, in Gebrauch"; Wellhausen im Art. „Israel" p. 397: „Jahweh war vor Mose eine Bezeichnung für El und zwar in der Familie Mose's oder im Stamme Joseph".
5) Sehr gut weist Hitzig, Vorlesungen über Biblische Theologie etc. des A. T., herausgeg. durch Kneucker 1880, S. 37 f. die Behauptung, die Erklärung des Wortes Jahweh durch „der Seiende" sei irrig, zurück.

name יהוה in Israel bekannt, dass wirklich „Jahweh der Gott Israels vom Lande Aegypten her" (Hos. 12, 10) gewesen ist.

Fernerhin betonte v. Bohlen, ältere Phrasen, wie die Schwurformel und sprichwörtliche Redensarten, hafteten meist noch an Elohim. Aber gegenüber diesem überhaupt einer strengeren Begründung unfähigen Argument sagte bereits 1838 Tuch[1]), dass die heilige Scheu vor dem geweihten Eigennamen Gottes, aus welcher sich Lev. 24, 16 und das ברך אלהים 1 Kön. 21, 10. 13; Hi. 1, 5 (während ברך יהוה fehlt) erkläre, auch bewirkt haben möge, dass in der erst später aus dem Volksmunde in die Schriftsprache übergehenden Verwünschungsformel „so thue mir Gott etc.!" (1 Sam. 3, 17 etc.) bei weitem häufiger nur die Bezeichnung der himmlischen Macht, als der Name Gottes selbst angewendet ist.

Endlich berief v. Bohlen sich darauf, dass in den korahitischen Psalmen Elohim noch fast ausschliesslich Gottesname sei. Aber diese Thatsache ist am wenigsten beweiskräftig. Denn die durch v. Bohlen gemeinten Psalmen[2]) besitzen in Bezug auf den Gottesnamen nichts Eigenthümliches, sondern gehören zu einer grösseren Gruppe des Psalters, den Elohimpsalmen. Also können sie auch nicht den Satz beweisen, dass noch von Zeitgenossen Davids der Name אלהים in ihren Poesien bevorzugt worden sei.[3])

Weil seine Gründe unstichhaltig sind, so haben v. Bohlen's Zweifel an der Mosaicität des Tetragramms und seine Meinung (a. a. O.), die Zeit Davids und Salomos sei für die Herübernahme der Gottesbezeichnung יהוה aus Aegypten ganz besonders geeignet gewesen, unter den neueren Gelehrten nur wenig Freunde gefunden. Ehe ich aber auf die Beweisführung der neueren Vertreter der Meinung v. Bohlen's eingehe, darf ich mir, um in meinen

---

1) Commentar über die Genesis von Friedrich Tuch S. XLI f.
2) Ueberdies hätte er nur die zum 2. Psalmenbuche gehörenden korahitischen Psalmen nennen sollen.
3) Diese Bevorzugung des Elohim, die ja bei Vergleichung von Ps. 14 und 53 offenbar als Redactionszugabe erscheint, möchte ich weder mit Delitzsch (Die Psalmen, 4. Aufl. 1883, S. 17) als unmotivirte Eigenthümlichkeit der Dichtungsweise auffassen, noch mit Keil (Einleitung 1873, § 114, 2) aus dem bewussten Streben herleiten, die Heiden vor dem Gedanken zu warnen, Israels Gott sei auch nur eine Nationalgottheit. Sie ist vielmehr aus der in Israel immermehr wachsenden, auf falschem Transcendentalismus der späteren Jahrhunderte beruhenden Scheu herzuleiten, den Offenbarungsgott mit seinem Eigennamen zu bezeichnen.

Untersuchungen keine Lücke zu lassen, folgende Digression nicht ersparen.

Da die Theorie, dass der mit dem allerdings schon von Mose verkündigten Tetragramm verbundene Begriff sich entwickelt habe, durch die Behauptung gestützt werden könnte, dass die Bezeichnung Jahweh aus andern Religionssystemen entlehnt sei, so muss ich die darauf bezüglichen Meinungen hauptsächlich der jetzigen Gelehrten[1]) sammt den mir richtig scheinenden Beurtheilungen in Kürze vorlegen. Da nun Israel nur bei seiner muthmasslichen oder wirklichen, ganz oder ziemlich directen, Berührung anderer Völker die fragliche Entlehnung gemacht haben könnte, so ist es am zweckmässigsten, wenn man die Völker, welche gleichfalls den Gottesnamen Jahweh gekannt haben sollen, in folgender Reihe aufführt.

Dass Indogermanen in Jovis den israelitischen Gottesnamen besitzen, wird nach v. Bohlen (Genesis S. CIII) und Vatke (S. 672) noch von J. G. Müller[2]) als eine „nicht so leicht abzuweisende Annahme" bezeichnet. Allein es lässt sich so wenig directe Berührung von indogermanischem und semitischem Sprachgut constatiren, dass nicht daran gedacht werden kann, ein Abkömmling des indogermanischen div (leuchten) rage in das Semitische herüber, dass also vielmehr das in einer semitischen Völkerschaft (Israel) vorhandene Wort Jahweh von einem semitischen Verb derivirt werden muss. — Zwar nicht eine sprachliche oder etymologische, aber eine ideelle oder religionsgeschichtliche Beziehung zu den Indogermanen wollte Hitzig[3]) dem יהוה wahren, indem er meinte: „Allem Anschein nach ist Jahweh von Astuads, d. i. astvat = der Sciende, wie die armenische Sprache Gott nennt hergenommen; Mose hat nach diesem seinen neuen Gottesnamen gebildet, aber nur, weil sein Geist die Idee zu fassen vorbereitet war und er den Gedanken in astuads nachdenkend seine Wahrheit und Tiefe erkannte". Wie aber kann, wenn auch die Fluthsage eine Kunde vom Ararat Armeniens enthält (Gen. 8, 4) und wenn auch die ältesten Ueberlieferungen der Hebräer mehr einen direct nordöstlichen als einen südöstlichen Ausgangspunct zeigen[4]), angenommen werden, dass Mose in Aegypten einen Gottesnamen der Armenier nachgeahmt habe?

Wenn demnach eine arische oder japhethische Herkunft des Tetra-

---

1) Vgl. über die älteren Vertreter der einzelnen Herleitungen des Tetragramms den oben S. 27 citirten Aufsatz Tholuck's.
2) J. G. Müller (in Basel), Die Semiten in ihrem Verhältniss zu Chamiten und Japhethiten, Gotha 1872, S. 163.
3) Vorlesungen über Bibl. Theol. etc. S. 38.
4) Vgl. darüber Dillmann, Ueber die Herkunft der urgeschichtlichen Sagen der Hebräer (Sitzungsberichte der Academie der Wissenschaften zu Berlin vom 27. April 1882), S. 12. 14.

gramms unmöglich scheint, so liegt es wegen der factischen unmittelbaren
Berührung der Hebräer und der hamitischen (Gen. 10, 8—12) Urbe-
völkerung Babyloniens nahe, einen protochaldäischen Ursprung der (angeblichen) Urform des Jahweh, nämlich Jau, anzunehmen. Dies hat zuletzt Friedrich Delitzsch gethan.¹) Ich kann aber nicht umhin, in diesem
Puncte Friedrich Philippi²) beizustimmen. Dieser hat gezeigt, dass einerseits die von Delitzsch gegen die gewöhnliche Auffassung des יהוה als Qal-
form von היה und des Jahu, Jah, Jeho, Jo als Abkürzungen jener Form
gemachten Angriffe erfolglos sind, und dass andererseits Delitzsch's Behauptungen, ein ursprüngliches Jau sei zu Jahu umgebildet worden, es
habe ein assyrisch-babylonischer Gott Jau existirt und es habe sogar einen
accadisch-sumerischen Gottesnamen i gegeben, der Möglichkeit und des
Beweises entbehren. Der hebräische und der assyrische Ursprung des
Namens יהוה scheint daher nicht einmal gleich möglich, wie Schrader³)
meinte. — Haben denn aber auch nicht die aus der Nähe Babyloniens,
vom Erythräischen Meere in das semitische Sprachgebiet einwandernden
hamitischen Canaanäer⁴) den Namen Jahweh in irgend einer Form
besessen? Aber wenn vereinzelte Spuren des Jahwehnamens zwar nicht
in Κολπία, aber z. B. im Namen eines hamathensischen Königs (2 Sam.
8, 10 und in Keilschriften) gefunden worden sind, so ist doch dieses die
historische Wahrscheinlichkeit, dass Nichtisraeliten den Namen Jahweh in
ihren Götterkreis aufgenommen haben.⁵) — Wieder von einer andern Ab-
theilung der Hamiten, von den Aegyptern, hat man das Tetragramm
theils als eine sprachliche und theils als eine ideelle Nachahmung herleiten wollen. Das Erstere hat Röth⁶) versucht, indem er als Nachbildung
des Mondgottes Joh das Jahweh betrachtete. Aber da man nicht wüsste,
wie aus der Unzahl der ägyptischen Götter die Hebräer gerade den genannten Joh herausgegriffen hätten, und da יהוה nicht speciell mit dem

---

1) Wo lag das Paradies? (Leipzig 1881), S. 158 ff.
2) „Ist יהוה accadisch-sumerischen Ursprungs?" in der Zeitschrift für
Völkerpsychologie und Sprachwissenschaft 1883, S. 175—190.
3) Die Keilinschriften u. das A. T. 1883, S. 25.
4) Vgl. mein Historisch-kritisches Lehrgebäude der Hebr. Sprache I
(1881), S. 14 f. Diese Auffassung ist nicht durch Budde, Die Biblische
Urgeschichte (1883), S. 329 ff. widerlegt.
5) So auch Graf Baudissin, Studien zur Semitischen Religionsgeschichte
I (1876), S. 223.
6) Röth, Geschichte unserer abendländischen Philosophie. Erster
Band: Die Aegyptische und die Zoroastrische Glaubenslehre (1846), Note
175 (gegen Ende): „Dass die ägyptischen Götterbilder als Orakelbildchen
[Urim und Thummim] eines hebräischen Oberpriesters vorkommen, wird
den nicht befremden, der genauer überlegt, dass der ganze hebr. Cultus aus
Aegypten herstammt und dass die eine der beiden Lichtgottheiten IOΣ
zum hebr. Nationalgott יה, יהוֹה [sic] Ἰαώ wurde".

Mond in Verbindung steht: so kann man die erwähnte Identificirung nur als eine gewaltthätige Verknüpfung disparater Grössen ansehen. Das Letztere, also eine Verbindung des Jahwehbegriffes mit einer ägyptischen Idee, hat man wieder auf eine doppelte Weise als den factischen Ausgangspunct des Tetragramms erweisen wollen. Erstens sollte¹) die alttestamentliche Definition des Tetragramms, der Satz „ich werde sein, der ich sein werde" (Exod. 3, 14), eine Uebersetzung einer von Plutarch²) erwähnten Inschrift des Isistempels zu Sais sein. Allein diese Inschrift will die Göttin Neith „als die ewig sich selbst producirende bezeichnen, wozu der in Jahweh ausgedrückte Gedanke einen contradictorischen Gegensatz bildet".³) Zweitens sollte die in Jahweh ausgeprägte Idee eine Reproduction des ägyptischen nuk pu nuk sein.⁴) Indes Le Page Renouf⁵) sagt: Die Worte nuk pu nuk sind allerdings an verschiedenen Stellen des Todtenbuches zu finden, auch ist es wahr, dass nuk das Fürwort ich ist, und dass das hinweisende Fürwort pu oft dazu dient, das Subject und Prädicat eines Satzes zu verbinden. Aber der Zusammenhang der Worte muss untersucht werden, ehe wir sicher sein können, einen vollständigen Satz vor uns zu haben, zumal pu gewöhnlich am Ende des Satzes steht. Aufmerksame Betrachtung der Stellen des Todtenbuches, in denen diese Worte vorkommen, zeigt nun gleich, dass sie keinerlei geheimnisvolle Lehre über das Wesen Gottes enthalten. An einer derselben (78, 21) sagt der Verstorbene „ich bin es, der die Wege des Nu kennt" an einer andern (31, 4) „ich bin der Alte auf dem Lande (oder in den Gefilden)". „Ich bins, der Osiris ist, der Alte, welcher verschloss seinen Vater Seb und seine Mutter Nut am Tage der [sic] grossen Gemetzel". In seiner andern Redaction desselben Todtenbuches (enthalten in dem 96. Capitel) verschwinden die Worte nuk pu nuk, weil der Bericht in der dritten Person abgefasst ist. Es heisst da: Er ist der Stier des Feldes, er ist Osiris, der seinen Vater einsperrte etc.

Oder ist der Gottesname Jahweh zwar ursprüngliches Besitzthum der Semiten, aber eines andern Zweiges derselben, als der Israeliten? Indes

---

1) So Voltaire, Reinhold, Schiller u. A. Vgl. darüber Tholuck a. a. O. S. 189—193.

2) De Iside, Cap. 9: Τὸ ἐν Σάει τῆς Ἀθηνᾶς ἕδος ἐπιγραφὴν εἶχε τοιαύτην· Ἐγώ εἰμι πᾶν τὸ γεγονὸς καὶ ὂν καὶ ἐσόμενον, καὶ τὸν ἐμὸν πέπλον οὐδείς πω θνητὸς ἀπεκάλυψεν.

3) So richtig Tholuck a. a. O. S. 193.

4) So noch Wahrmund, Babylonierthum, Israelitenthum, Christenthum (1882), S. 119.

5) Le Page Renouf (in London), Vorlesungen über Ursprung und Entwickelung der Religion, erläutert an der Religion der alten Aegypter (Autorisirte Uebersetzung, Leipzig 1881). S. 227 f.

für die Annahme von der Alm's, Tiele's und Stade's,¹) dass Jahweh ursprünglich der Gott der Keniter, eines Geschlechtes der Midianiter²) gewesen sei, kann kein Beweis erbracht werden. Denn wenn wir auch aus 1 Chron. 2, 55 wissen, dass die Keniter mit den Rechabitern in Verbindung gesetzt wurden, so lesen wir zunächst 1 Chron. 4, 10 ausdrücklich, dass der in Juda sich ansiedelnde Keniter Ja'bez den Gott „Israels" angerufen hat. Es muss aber auch bei dem im Zehnstämmereich siedelnden Rechabiter Jonadab (2 Kön. 10, 15 ff.) angenommen werden, dass er, da ein separates Motiv seines Verhaltens nirgends angedeutet ist, nur aus ebendemselben Grunde die Treue gegen den von seinen Vorfahren adoptirten Jahwehcultus bewahrt hat, wie die 7000 Israeliten (1 Kön. 19, 18). Nur dem von Israel her adoptirten Gotte brauchen also auch die Nachkommen Jonadab's (Jer. 35) die Treue gehalten zu haben. Es ist aber auch an sich unwahrscheinlich, dass die Keniter, welche in politischsocialer Hinsicht als Fremdlinge und Beisassen und somit als geduldetes Element erscheinen, in religionsgeschichtlicher Beziehung dasjenige dominirende Element gewesen wären, dem die Israeliten ihr werthvollstes Besitzthum abgeborgt gehabt hätten. Es ist also auch schon an sich unwahrscheinlich, dass sie vielmehr solche Gerim waren, welche die Jahwehverehrung annahmen.³) Und sind nicht Proselyten, weil sie durch einen Willensact dasjenige angenommen haben, was Andere von ihren Vätern ererbt haben und erst erwerben müssen, um es zu besitzen,⁴) gewöhnlich die eifrigsten Patrone dieses Besitzthums gewesen?

Gegenüber der Geneigtheit einiger moderner Gelehrten die ausserisraelitische originale Existenz des יהוה anzuerkennen, und gegenüber der Meinung, dass man durch diese Anerkennung den echten Geist kritischer Besonnenheit und historischer Unparteilichkeit bewähre, glaube ich das geschichtliche Bewusstsein der Israeliten in die Wagschale werfen zu sollen, nach welchem dieselben die fragliche Gottesbezeichnung als ihr ausschliessliches Eigenthum gekannt haben, während sie doch andere religiöse Phänomene als fremdländische überliefert haben. Wie dieses geschichtliche Bewusstsein Israels im A. T. sich ausspricht, ist sehr gut von Tuch⁵) dargestellt worden: Der Nichtisraelit kann nicht von Jahweh wissen, sondern nur die Vorstellung der Gottheit im allgemeinen besitzen. In seinem Munde würde יהוה nicht mehr den wahren Gott, den Schöpfer der Welt

---

1) Richard von der Alm a. a. O. S. 216. 480; Tiele, Vergel. Gesch. 1872, p. 558 s.; Compendium 1880, S. 94; Stade, Geschichte Israels 1881, S. 130 f.
2) Exod. 2, 16; Richt. 1, 16; 4, 11.
3) Exod. 12, 48 etc. etc.
4) Um mit dem Dichter zu reden.
5) Die Genesis erklärt von Friedrich Tuch (1838), S. XL f.

und Herrn der Völker, bedeuten, sondern einseitig nur den Gott der Hebräer; Jahweh würde also zum Götzen werden (vgl. 1 Kön. 20, 28 mit v. 28). Mit klarem Bewusstsein des Unterschiedes vermeidet der Hebräer sowohl wo er zu Nichtisraeliten spricht als auch wo er diese redend einführt den Namen יהוה und gebraucht vorzugsweise nur אלהים. So ist es Richt. 1, 7; 7, 14; 1 Sam. 4, 7. 8; Jona 3. 3, vgl. mit v. 5. 8. 9. 10; 1 Sam. 30, 15; 22, 3.¹) Characteristisch ist, dass gerade auch in diesen Fällen die Construction des אלהים mit dem Plural (vgl. 1 Sam. 4, 8) nicht ungewöhnlich ist, wodurch der israelitische Erzähler ganz auf den Standpunct des heidnischen Gottesbewusstseins hinübertritt. Hierher gehört es auch, dass יהוה nicht im Munde der redend eingeführten unvernünftigen Creatur vorkommen kann (vgl. Richt. 9, 9 mit Gen. 3, 1 ff.).

Die oben S. 28 erwähnten neueren Freunde der durch v. Bohlen vertretenen Meinung, dass erst nach Mose das Volk Israel den Gottesnamen Jahweh angenommen habe, stimmen nicht darin ihm bei, dass יהוה zu Davids oder Salomo's Zeit aus Aegypten entlehnt sei; sondern sie meinen, von den Canaanitern habe Israel allmählich den Gottesnamen Jahweh sich angeeignet.²) Da die Mosaicität des israelitischen Jahwismus bereits durch Oort³) sehr gut bewiesen worden ist, so begnüge ich mich, aus der gegen Land's These vom canaanitischen Ursprung des Namens יהוה gerichteten Polemik Kuenens⁴) folgende entscheidende Momente hervorzuheben. Nämlich Land wird von Kuenen mit Recht erstens darauf hingewiesen, dass, da doch nach seinem eigenen Zugeständnis ein Kampf zwischen dem nationalen Gott Israels und den canaanitischen Göttern gewesen sei, mit höchster Unwahrscheinlichkeit die Gottheit, welcher Israel nach dem Ende jenes Kampfes diente, einen canaanitischen Namen getragen haben kann. Zweitens wird Land zu bedenken gegeben, dass nicht blos die Namen Jokhebed, Josua und des Enkels Mose's Jonathan eine von Canaan unabhängige Kenntnis des

---

1) Die Ausnahmen 1 Sam. 29, 6; 1 Kön. 10, 9; 5. 21; 2 Kön. 18, 22, wo die Erzähler mehr die hebräischen Leser im Sinne haben, stossen die Richtigkeit dieser Beobachtung nicht um.
2) So von der Alm a. a. O. (1862), S. 524—527 (vgl. auch Docy, De Israelieten te Mecca, ins Deutsche übersetzt, Haarlem und Leipzig, 1864, S. 39); Colenso, The Pentateuch, Part V (1865), p. 270ss.; Land in der oben S. 2 citirten Abhandlung; Goldziher a. a. O. S. 327 ff.
3) De dienst der Baalim onder Israel § 17—51.
4) De Godsdienst I, S. 397—401.

Namens יהוה verrathen, sondern dass auch im Deboraliede (Richt. 5, 4. 5) der gegen die Könige Canaans streitende Jahweh aus Seir, aus dem Gebiete Edoms, kommt. Kuenen legt da richtig seinem Gegner Land die Frage vor: Kann Debora noch deutlicher zu erkennen geben, dass der Gott, welchen sie als Gott Israels anruft, in Canaan ursprünglich nicht zu Hause ist? Drittens sagt Kuenen: Land wird durchaus zugeben, dass seine Meinung eine Abweichung von der ganzen israelitischen Tradition constituirt; denn nirgends im ganzen A. T. finden wir eine Spur oder eine Ahnung vom canaanitischen Ursprung der Gottesbezeichnung Jahweh. Ich werde nicht behaupten, dass dieser schon deswegen verworfen werden muss, aber wohl, dass er nur aus triftigen Gründen angenommen werden kann. Man wird deutlich und unwidersprechlich beweisen müssen, dass Jahweh wirklich ein Gott der Canaaniter gewesen ist. Die Zeugnisse, womit man dieses stützt, werden so beschaffen sein müssen, dass an israelitischen oder alttestamentlichen Einfluss auf dieselben rechtlicher Weise nicht gedacht werden kann. Jedoch ein solcher Beweis kann aus Macrobius, Saturnalia 1, 18 nicht geführt werden, da in dieser Stelle sicher Jao nur der oberste von allen Göttern genannt wird, diese Bezeichnung aber, wenn man Diodorus Siculus 1, 94 beachtet, aus der späteren Religionsmengerei stammt.[1]) — Endlich erlaube ich mir, auf eine treffende Bemerkung Smend's[2]) die Aufmerksamkeit zu lenken. Er hebt ganz mit Recht hervor, dass das „Problem der frühzeitigen Bekämpfung des israelitischen Götzendienstes unlösbar ist, wenn man nicht die Meinung des Deut., Ezech. und des Corpus Lev. XVII ff. (vgl. auch Num. 25; Hos. 9) für die richtige hält, dass der volksthümliche Gottesdienst des älteren Israel grossentheils canaanäischer Götzendienst gewesen ist."[3]) Also war die unbekämpfte Religion Altisraels nicht auch canaanitisch.

1) Dies war schon durch Tholuck a. a. O. S. 191—193 begründet worden, und trotz der Replik, welche gegen Kuenen's oben skizzirte Ausführung Land in der Theologisch Tijdschrift III. Bd. 1869, S. 347—362 veröffentlichte, hat nach meiner Ansicht mit Recht auf Kuenen's Seite sich auch Graf Baudissin, Studien zur semit. Religion. I, S. 213—218 gestellt. — Dass die obigen Sätze Kuenen's überdies einen entscheidenden methodologischen Werth besitzen, darauf habe ich bereits oben S. 22 aufmerksam gemacht.

2) Zeitschrift für die alttestl. Wissenschaft II, S. 107, Anm.

3) Auf Goldziher's (Der Mythus bei den Hebr. 1876, S. 327 ff.) Hypo-

Wie durch die vorausgehenden Bemerkungen nebenbei gezeigt worden ist, beruft sich Kuenen, um dem vorprophetischen Jahwismus einen niedrigen Character zu vindiciren, nicht darauf, dass das Tetragramm oder dessen kürzere Form ursprünglich bei den Canaanitern in Gebrauch war. Zu eben diesem Zwecke verwendet er ferner nicht das Argument, dass die Israeliten bei der Benennung ihres Gottes auch den Ausdruck baal gebraucht haben. Weil aber dieses Argument von anderen entwicklungstheoretischen Gelehrten zur Kennzeichnung des religionsgeschichtlichen Zusammenhangs und Wesens des ursprünglichen Jahwismus Israels benützt worden ist, so muss ich mein Urtheil über die Thatsächkeit und dogmatische Bedeutung der fraglichen Verwendung des Wortes baal hier beifügen.

Die Frage, ob בעל in der Zeit der Richter und der ersten Könige auch zur Bezeichnung des Offenbarungsgottes gebraucht wurde, ist noch neuerdings[1]) von Herrn. Schultz[2]) und Dillmann[3]) bejaht worden. Ich muss ihnen beistimmen. Denn erstens ist der appellative Gebrauch des Wortes baal im Hebräischen häufig (Exod. 21, 28 etc.). Ferner kommt sogar ausdrücklich die Verbindung Bealjah (1 Chron. 12, 5) vor. Sodann treten die mit baal zusammengesetzten Eigennamen gerade in solchen Familien auf, welche für das nationale Leben und die nationale Gottesverehrung eiferten; vgl. Sauls Sohn Eschbaal 1 Chron. 8, 33; 9, 39; Davids Sohn Beeljada' 1 Chron. 14, 7. Endlich sagt Hosea (2, 18 f.): „An jenem Tage, Kundgebung Jahwehs, wirst du rufen ischi und wirst mir nicht mehr zurufen baali (18), und ich werde die bealim aus ihrem Munde entfernen, und sie sollen nicht mehr mit ihrem Namen erwähnt werden (19)". Hosea weissagt also (v. 18), dass einstmals die Nation Israel, um das zwischen ihr und Jahweh bestehende, einer Ehe gleichende Verhältnis zu bezeichnen, den Jahweh ihren ischi und nicht mehr ihren baal nennen werde. Da also ausdrücklich

---

these, wodurch er die Adoption des Jahwehnamens seit Davids Zeit beginnen lässt, komme ich in der VII. Untersuchung zu sprechen.

1) In früherer Zeit z. B. von Daumer a. a. O. S. 109; Oort, De Dienst der Baalim § 50 und andern holländischen Gelehrten; von Wellhausen, Der Text der Bücher Samuelis (1871), S. XII. 30. 31.

2) Alttestamentliche Theologie 1878, S. 182.

3) Ueber Baal mit dem weiblichen Artikel (Monatsberichte der Academie der Wissenschaften zu Berlin vom 16. Juni 1881), S. 12—14.

in v. 18 gesagt ist, dass bisher Jahweh von der Nation Israel ihr baal genannt worden war, und da die Lesart der LXX in v. 18 (*Βααλειμ*) eine unmögliche Erleichterung der dem Uebersetzer unbegreiflichen Stelle ist [1]: so kann der Inhalt des 18. v. nicht mit dem des 19. identisch sein. Vielmehr wird an die in v. 18 geweissagte Aenderung einer Bezeichnung Jahwehs in v. 19 als steigernde Consequenz hinzugefügt, dass die Baale aus dem Munde Israels entfernt werden sollen. So ist der Sinn der Stelle auch noch neuestens von Hitzig-Steiner [2]) sowie Graf Baudissin [3]) gefasst worden.

Die von Hosea (2, 18) erwähnte Thatsache ist, wie das Suffix an baali und der Gegensatz ischi auf entscheidende Weise zeigen, nicht die, dass das Nomen proprium Baal, aber wohl, dass das nomen appellativum baal [4]) bei der Anrufung Jahwehs gebraucht worden ist. [5]) Ist dieses die von Hosea (2, 18) ausgesagte Thatsache, so kann sie nicht mit Nowack [6]) deshalb bezweifelt werden, weil nach dem in Ahabs Tagen gegen den Baalsdienst geführten Kampf die Bezeichnung Jahwehs als בעל kaum begreiflich erscheine. In den vor Elia liegenden Zeiten ist überdies auch nach Nowack's Urtheil unzweifelhaft Jahweh als der Herr und Ehegemahl Israels ein baal genannt worden. Also kann nicht mit Kuenen [7]) und Nestle [8]) dies Urtheil für richtiger gehalten werden, dass der Gebrauch des Wortes בעל in jenen oben erwähnten Eigennamen (z. B. in Sauls und Davids Familie) eine Spur des eindringenden canaanäischen Heidenthums sei.

Aus der gemäss der obigen Ausführung auch von mir anerkannten einstmaligen Benennung Jahwehs als eines baal kann

---

1) Dies gegen Nestle, Die israelitischen Eigennamen etc. S. 125.

2) Die zwölf kleinen Propheten erklärt (im Kurzgefassten exegetischen Handbuche), 4. Aufl. 1881. z. St.

3) Im Artikel „Baal" in der PRE², II, S. 134.

4) Im Sinne von dominus, maritus; z. B in den Formeln: o Herr; unser Herr; mein Bundesgott oder Ehegemahl.

5) Sehr deutlich umschrieb Hieronymus (vgl. Scholz, Commentar zum Buche des Propheten Hoseas 1882, z. St.) die fraglichen Worte so: Tantum odi, inquit Deus, idolorum nomina, ut etiam id, quod bene dici potest [d. h. dass Jahweh als Ehegemahl baal heisst Gen. 20, 3 etc], propter ambiguitatem et verbi similitudinem nequaquam velim dici.

6) Der Prophet Hosea erklärt (1880), z. St.

7) De Godsdienst I, S. 401—405.

8) Die israelitischen Eigennamen etc. S. 126.

aber selbstverständlich nicht die Vermuthung geschöpft werden, das vorprophetische Israel habe seinen Gott mit dem Hauptgott der umwohnenden Canaaniter in Wesen, Eigenschaften und Weltbeziehung identificirt.

Durch die vorangehende Untersuchung wird auch dem Haupttheile folgender Behauptung Tiele's[1]) die scheinbare Grundlage entzogen. Denn im Vorausgehenden ist dargethan, dass nicht als einen Eigennamen, sei es des israelitischen Offenbarungsgottes oder sei es des canaanitischen Hauptgottes, Saul sowie David den Ausdruck baal bei der Benennung ihrer Familienglieder verwendet haben. Zugestanden ferner, es lasse sich nicht direct beweisen, dass der Götzendienst Salomo's ihm sogleich in seiner Zeit von eifrigen Jahwehverehrern[2]) als Sünde angerechnet worden ist, indirect lässt sich durchaus beweisen,[3]) dass die religionsgeschichtliche Tradition der israelitischen Geschichtsschreibung sich nicht dahin verirrt hat, dass sie das Auftreten Ahia's fingirt haben könnte. Dieses Urtheil ist auf jeden Fall gesicherter, als Tiele's weitere Annahme, dass es zu Elia's Zeit neben dem von ihm bekämpften (phönicischen) Baal noch einen mit seinem Eigennamen so benannten einheimischen Baal gegeben hätte, sodass, da doch zu Elia's Zeit auch nach Tiele die (National-) Gottheit der Israeliten bereits Jahweh hiess, diese Gottheit zwei Eigennamen nebeneinander besessen hätte.[4]) Endlich aber ist auch 1 Kön. 16, 31—33 die Aschera ganz in denselben Zusammen-

---

1) Compendium S. 95 f.: „Selbst so eifrige Vertreter des Jahwismus wie Saul und David nannten ihre Kinder nach Baal. Salomo, der Jahweh einen prächtigen Tempel erbaute, sah darin kein Hindernis, auch für andere Götter Heiligthümer zu errichten, was ihm wohl von den späteren Geschichtsschreibern, aber sicher nicht von seinen Zeitgenossen als Sünde angerechnet wurde. Der Baal, den der strenge Elia im Reiche Israel so energisch bekämpfte, war nicht der einheimische, sondern der phönicische, den die sidonische Fürstin Isebel, Ahabs Gemahlin, eingeführt hatte. Sein Schüler Elisa und sein Anhänger Jehu rotteten diesen fremden Cultus mit Gewalt aus, aber den Cultus der einheimischen Aschera tasteten sie nicht an".

2) Zunächst von Ahia in Silo 1 Kön. 11, 29—32.

3) Vgl. oben die III. Untersuchung.

4) Auf diese innere Unwahrscheinlichkeit der auch von Tiele vertretenen Ansicht, dass der Ausdruck Baal jemals Eigenname (stehende, bei ihrem Gebrauche also nicht mehr zum Bewusstsein des Israeliten kommende Benennung) des israelitischen Gottes gewesen sei, muss ich zuletzt noch aufmerksam machen.

hang mit der phönicischen Herkunft der Isebel gesetzt, in welchem der Baal erscheint. Es kann also nicht von einer „einheimischen" Aschera geredet werden, wenn auch im weitern Verlauf der Erzählung nur „Propheten Baals" genannt sind (1 Kön. 18, 25. 40), und nur von diesem Gotte 19, 18 sowie 2 Kön. 10, 18—29 die Rede ist. Nach 1 Kön. 16, 30 müssen wir annehmen, dass immer nur Baal als der männliche Gott anstatt beider genannt ist. Keineswegs sind wir berechtigt, von einer Duldung einer „einheimischen" Göttin Aschera zu reden. Vgl. über deren Nichtexistenz unten S. 69 ff.

VI. Entwickelte sich der Jahwismus in seiner Meinung von der Stellung des Gottes Israels zu andern Göttern?

Bei der Beantwortung dieser Frage hat man nach meinem Urtheil auf entwickelungstheoretischer Seite eine Nebensache richtiger bestimmt, als es früher geschah, aber nun auch gleich diese Nebensache zur Hauptsache gemacht.

Richtig nämlich scheinen mir die Entwickelungstheoretiker [1]) den Satz vertreten zu haben, dass in Israel auch die Propheten und sonstigen erleuchteten Männer bis vor die Zeiten Jeremia's, das Volk aber sogar noch später an die Existenz anderer Götter ausser Jahweh geglaubt hat. Die Gründe, welche mich zu diesem Urtheil bewegen, sind folgende. Sowohl die prophetischen als die nichtprophetischen Schriften des A. T. enthalten (hauptsächlich aus der älteren Periode) Stellen, in welchen nicht blos Jahweh mit andern Göttern verglichen wird,[2]) sondern auch dem Volke Israel allein zugeeignet[3]) wird, und die Heidengötter so erwähnt werden, als wären sie Realitäten.[4]) Nun allerdings die Vergleichung Jahwehs mit andern Göttern und seine Zueignung an Israel allein würden an sich keine Beweise dafür sein, dass die Existenz der nichtisraelitischen Götter jemals vom jahwehtreuen Theile Israels angenommen wurde. Indes weil die abtrünnigen

---

1) Bis auf Kuenen, Volksreligion und Weltreligion, S. 316—319.
2) Z. B. Micha 7, 18; Exod. 15, 11; 18, 18, und zu dieser Reihe von Stellen gehört auch Deut. 6, 4 nach richtiger Auslegung, vgl. Graf Baudissin, Studien etc. I, S. 167.
3) Z. B. Micha 4, 5; Exod. 20, 2; Gen. 9, 26; 17, 7 f.
4) Jes. 2, 18; 19, 1. 3; Gen. 28, 19 f.; Richt. 11, 24; 1 Sam. 26, 19 f.; Ruth 1, 15 ff.; 2, 12.

Israeliten die fremden Götter für Realitäten hielten, und weil den Frommen Israels daran gelegen sein musste, die irrenden Volksgenossen nicht durch etwaige ungenaue Ausdrucksweise in ihrem Abfall zu bestärken: so sind auch schon die genannten Vergleichungen Jahwehs wie die anderen angeführten Thatsachen Argumente dafür, dass auch der jahwehtreue Theil Israels an die Realität der Heidengötter glaubte. Wenn also Oehler[1]) sagt, dass die Meinung der untreuen Israeliten „als Verkehrung der Jahwehidee von den Organen der Offenbarung überall bekämpft werde", so hält diese Behauptung vor der unbefangenen Betrachtung des A. T. nicht stand.

Aber die genannte richtige Erkenntnis ist nach meiner Ueberzeugung von den Entwickelungstheoretikern in falscher Weise ausgebeutet worden. Denn sie haben mit der Einzigkeit sogleich auch die Einzigartigkeit Jahwehs, demnach wie den numerischen so auch den ideellen Monotheismus als eine dem religiösen Bewusstsein des ganzen vorjeremianischen Israel fremde Sache hinstellen wollen. Oder ist nicht oftmals gesagt worden,[2]) dass Jahwehs Verhältnis zu Israel gleich dem Verhältnis des Kamos zu Moab gewesen sei, oder, was der Sinn dieser Vergleichung sein soll, dass überhaupt Jahweh und Kamos mit einander vergleichbare Grössen gewesen seien.? Diese Ansicht ist aber nicht blos formell ein directer Widerspruch gegen das stolze Wort der Jahwehverehrer „Wer ist ein Gott, wie Du?", oder „Wer ist, wie Du, unter den Göttern?"[3]); sondern sie widerspricht auch der Gesammterfahrung, welche Israel von seinem Gotte bekommen hatte. Es war ganz treffend, was gegen Vatke's Werk De Wette[4]) sagte: „Die Entwickelung ist Vatke nach seinen Voraussetzungen gelungen; aber wie tief stellt er Mose, dem er dieses Bewusstsein[5]) abspricht, während dieser doch in der Berührung mit Aegyptern und andern Völkern und in dem erfahrungsvollen Auszug aus Aegypten und durch die Wüste, nicht zu gedenken der traditionellen Erinnerungen und früheren Schick-

---

1) Theologie des A. T. § 43 (in der 2. Aufl., 1882, S. 155).
2) Z. B. Kuenen, De Godsdienst 1, S. 222; vgl. Stade, Geschichte Israels, S. 4 f. 113.
3) Micha 7, 18; Exod. 15, 11.
4) Theologische Studien u. Kritiken 1837, S. 998.
5) von der alle fremden Götter überragenden Superiorität des ihm offenbarten Gottes.

sale, seinen Gott wohl als Weltregierer erkennen konnte". Dazu kommt als formales Moment von entscheidendem Gewichte folgender Umstand. Die Propheten polemisiren nicht gegen eine frühere niedrigere Vorstellung Israels von Jahweh, wenn sie Israels Gott als Schöpfer der Welt und Regenten der Menschheitsgeschichte bezeichnen.[1])

Freilich Ghillany hat eine solche Stelle, wie Amos 9, 7[2]) in dem ganzen Abschnitt seines Buches über „Jahweh ist Nationalgott"[3]) wieder[4]) übersehen, obgleich er sich rühmte[5]), nicht durh „die orthodoxe Brille, die nur das Paulinische System in der Bibel finden darf" das A. T. betrachtet zu haben. Jedoch bereits De Wette hob es richtig als ein Hauptmoment hervor[6]), dass der spätere numerische Monotheismus der Israeliten den ideellen Monotheismus derselben zur nothwendigen Voraussetzung habe. Das demnach richtige Urtheil, dass bereits die vorprophetische Religion Israels die Basis des wahren Monotheismus, nämlich die unvergleichliche Erhabenheit, die weit überragende Macht des Offenbarungsgottes, enthalten hat, ist auch von andern und zwar ebenfalls kritischen Theologen der neueren Zeit gefällt worden. Es sind namentlich die Ausführungen v. Lengerke's[7]) zu vergleichen, und er ist es auch, welcher richtig bemerkt hat, dass auf Israels Bewusstsein von der weltbeherrschenden Stellung seines Gottes auch von den universalistischen Stimmen der Weissagung aus

---

1) Amos 4, 12 f.; 5, 8; 9, 5; 2. 1; 9, 7; Sach. 9, 1; Micha 4, 13; Jes. 10, 5. 15; — vgl. 36, 10; Richt. 5, 4. 5, hauptsächlich v. 20, wonach die Sterne im Dienste Jahwehs kämpfen; Exod. 15, 7—10.

2) „Seid nicht gleich den Kuschiten ihr mir, Kinder Israels, Kundgebung Jahwehs? Habe ich nicht Israel aus dem Lande Aegyptens heraufgeführt und die Philister aus Kaphthor und die Aramäer aus Qir?"

3) A. a. O. S. 264—278.

4) Vgl. oben S. 15!

5) A. a. O. S. 276.

6) Biblische Dogmatik, 3. Aufl. 1831, § 98: „Gegen den Verdacht, dass der Mosaische Monotheismus nichts weiter sei, als die bevorzugte Verehrung des Nationalgottes, neben dem andere Götter als daseiend gedacht, aber vom Cultus ausgeschlossen worden wären (Lessing, Erziehung des Menschengeschlechts § 11–15. 34. 35 und Andere), spricht die geistige, sittliche Ansicht, welche dem Mosaismus zu Grunde liegt, ferner der eigenthümliche Mangel der Mythologie sowie des Bilderdienstes, endlich der unzweifelhafte Monotheismus der späteren Hebräer und ihre Verachtung der fremden Götter (Jes. 2, 11. 20—28)".

7) Kenaan (1844), S. 484—486.

zurückgeschlossen werden muss.¹) Diese Stimmen, wonach der Gott Israels, wie der Weltschöpfer, Welterhalter, Weltregierer und Weltrichter, so auch das zukünftige einzige Object der Verehrung aller Völker sein werde, erklangen aber²) bereits seit Jes. 2, 2—4; Micha 4, 1—3. Und wenn nun von den Propheten nicht einmal die relative Neuheit dieser Zukunftshoffnung bemerkt wird,³) d. h. wenn dieselbe nicht einmal als Entfaltung eines alten israelitischen Grundgedankens hingestellt wird: so ist dieses ganz selbstverständlich, weil aus der Anschauung Israels von der Weltstellung seines Gottes gleichwie aus einem triebkräftigen Keime die erwähnte universalistische Zukunftshoffnung nur als die ganz naturgemässe Frucht hervorwachsen musste, oder noch richtiger, weil von der negativen Seite der Zukunftshoffnung Israels, dem Gerichte über seine Feinde⁴), nur die positive Ergänzung hinzukam, wenn man die Erwartung in Worte kleidete, dass nach dem an den Völkern vollzogenen Gerichte ein Theil derselben seine Kniee vor dem übermächtigen Gotte Israels beugen werde.⁵)

---

1) A. a. O. S. 491: „Die Hoffnung, den Jahwehcultus einst unter allen Völkern der Erde verbreitet zu sehen, zeugt von einem durch Reflection erhöhten religiösen Bewusstsein der Einheit Gottes". Vgl. meine weiter unten folgende Abhandlung über den Universalismus der israelitischen Religion!
2) wenn auch nicht schon in Amos 9. 12.
3) Vgl. dagegen oben S. 22.
4) Amos 1, 3—2, 3. Schon in dieser negativen Seite liegt also der Universalismus der Weissagung.
5) Richtig urtheilte also auch Ewald (Lehre der Bibel von Gott I, S. 106), dass gleich Mose die Einheit und Geistigkeit Gottes am vollkommensten erfasst hat, und richtig sagte Hitzig (Vorlesungen über Bibl. Theol. etc. § 8): Vor Jahweh stob das Göttervolk auseinander. Ebendenselben Standpunct halten im wesentlichen Herm. Schultz (Alttestl. Theol. S. 447 ff.) sowie Nestle (Die israelit. Eigennamen etc. S. 142—145) fest. Vgl. auch Reuss, Geschichte des A. T. § 269, Absatz 11 sowie Graf Baudissin's Bemerkung, die er in seiner Recension von Kuenen's Volksreligion und Weltreligion in der Theolog. Literaturzeitung 1883, S. 318 gemacht hat: „Ich lege noch jetzt wie früher um des Verständnisses des Prophetismus willen Werth darauf, dass schon die älteren Propheten Monotheisten waren, auch ohne dass sich bei ihnen deutlich die Erkenntnis findet, dass Jahweh schon in der Gegenwart auch für die Heiden die einzige Gottheit sei". Auch Kautzsch, um dies gleich hier mit zu erwähnen, erklärt sich in der Theolog. Literaturzeitung vom 29. Dec. 1883.

Gegen die Richtigkeit der Auffassung der Entwickelungstheoretiker spricht aber nicht nur der Umstand, dass sie die alte Position, wonach in der anerkannten Superiorität Jahwehs auch der ideelle Monotheismus als eingeschlossen gedacht wurde, keineswegs als unbegründet erweisen können, sondern auch der Umstand, dass sie ihrerseits **einen richtigen Quellpunct, woraus die Umwandlung des Nationalgottes Jahweh in den Weltgott Jahweh geflossen wäre, nicht aufzeigen können.** Kuenen beschäftigt sich mit dieser Frage auf S. 118f. seines neuesten Buches.

Erstens meint er, so lange in Israels Gottesbegriff das Merkmal der Macht das vorwiegendste gewesen sei, sei derselbe den Gottesvorstellungen anderer Völker gleich gewesen. Denn auch der Moabiter habe seinen Kemosch, der Ammoniter seinen Malkâm für mächtiger, als die Götter der andern Nationen, angesehen. — Indes zugegeben, dass die Moabiter ihren Gott mit Jahweh verglichen haben; aber dass sie ihren Gott für den Unvergleichlichen, für den Beherrscher der Welt und für den Lenker der Weltgeschichte gehalten hätten, dies soll erst noch bewiesen werden. Es ist also der Fehler Kuenen's, dass er die vorprophetischen Israeliten ihrem Gotte blos grosse Macht zuschreiben lässt, während dieselben doch vielmehr an ihrem Gott die allmächtige Fähigkeit der Real- und der Verbalmanifestation wahrgenommen hatten und daher von ihm aussagen.

Ferner ebenso fehlerhaft ist es, wenn Kuenen weiter die unwirkliche und unmögliche Eventualität annimmt, dass Jahweh, geboren aus dem nationalen Selbstgefühl, zugleich mit ihm aufgewachsen und stark geworden, auch unter den Schlägen, welche dem Nationalbewusstsein zugefügt wurden, gelitten habe, ja dass er habe siechen und endlich dahinsterben müssen, wenn mit der Selbständigkeit der Nation auch ihr Selbstbewusstsein unterging. — Denn was sagt die thatsächliche Geschichte zu dieser Meinung des Entwickelungstheoretikers? Dieses, das der Glaube an Jahweh gleich nach Josua's Tode, längst vor den Schriftpropheten in Israels Herzen hätte verschwinden müssen, wenn Israel die Macht seines Gottes von dessen nachmosaischer Geschichtsbethätigung abhängig gedacht hätte, wenn also Israel nicht vielmehr

---

Col. 602 mit Recht gegen die schroffe Scheidung der israelitischen Gottesidee des 10. und des 8. Jahrhunderts.

in der Zeit Mose's und Josua's einen überwältigenden Eindruck von der Einzigartigkeit des in sein Schicksal eingreifenden überirdischen Wesens erlangt gehabt hätte.

Um sodann zu seiner Ableitung des prophetischen Monotheismus überzuführen, bemerkt Kuenen weiter, dass der vorprophetische Gott Israels die gleichen Empfindungen, wie die andern Götter, besessen habe, indem die sittlichen Eigenschaften, welche das Volk dem Jahweh zugeschrieben habe, ihn zwar einigermassen aber doch nicht wesentlich von seinen Nebenbuhlern unterschieden hätten. — Indes ich muss, obgleich auf die angebliche Entwickelung des alttestamentlichen Begriffes der Heiligkeit Jahwehs noch besonders eingegangen werden soll, doch bereits hier fragen, ob demjenigen Gott, in dessen Namen die Priester Recht sprachen, von dessen Vertretern die pflichtvergessenen Stämme Israels getadelt und verflucht werden [1], von dessen Propheten Nathan selbst der mächtige David wegen seiner Sünde zurechtgewiesen wird,[2] also ob diesem Gott nicht die Heiligkeit in ihrem moralischen Sinne bereits vom vorprophetischen Israel zugeschrieben worden ist.

Endlich ist schon damit der Boden der neuen Begründung abgegraben, welche Kuenen dem prophetischen Monotheismus zu verschaffen gesucht hat. Er meint nämlich, dadurch dass im Bewusstsein der Propheten nicht mehr die Macht, sondern die Heiligkeit Jahwehs die centrale Stelle eingenommen habe, sei die Gottesidee in eine andere, höhere Sphäre versetzt worden, erst dadurch sei Jahweh sehr entschieden in Gegensatz zu den andern Göttern getreten.[3] Es ist aber erstens gar nicht wahr, dass bei den Schriftpropheten die Heiligkeit Jahwehs, wie einen andern Begriff,[4] so auch eine andere Stellung innerhalb der göttlichen Eigenschaften eingenommen habe, als bei den früheren treuen Jahwehverehrern. Jener Satz, durch welchen Kuenen zwei religionsgeschichtliche Phänomene fundamentalster Wichtigkeit, nämlich die Möglichkeit des Gegensatzes der wahren und der falschen

---

1) Richt. 5, 15—18. 23.
2) 2 Sam. 12, 1—10.
3) Kuenen a. a. O.: „Wenn Jahweh Gott war, er der Heilige und als der Heilige, so waren sie es nicht. Mit einem Worte: Aus der ethischen Auffassung von Jahwehs Wesen ist der Glaube an seine Einzigkeit hervorgesprosst".
4) Ueber diese Frage soll noch weiter unten gehandelt werden.

Propheten¹) und den Monotheismus des A. T., als relativ späte und aus menschlichen Vorstellungen erklärliche Entwickelungsphasen ableiten wollte, entbehrt demnach zunächst der geschichtlichen Grundlage. Denn nicht blos ist von mir bereits im vorhergehenden Absatze gezeigt worden, dass man in Israel von jeher dem Jahweh die sittliche Makellosigkeit zugeschrieben und ein deutliches Bewusstsein von der menschlichen Immoralität besessen hat, sondern es haben auch Amos und Hosea nicht weniger scharf die Sünden ihres Volkes gerügt und in nicht weniger determinirter Weise den Gerichtstag Jahwehs in Aussicht gestellt, als Jesaja, welcher Jahweh den Heiligen Israels nennt, und Micha und Nahum sowie Jeremia etc. wiederum nicht weniger, als Jesaja, obgleich sie²) weder den Namen „der Heilige Israels" anwenden noch auch die Heiligkeit Gottes im Vordergrund ihrer Predigten steht. Sodann würde aber auch die angebliche centrale Stellung, welche die Heiligkeit erst bei den Schriftpropheten im Begriffe Jahwehs bekommen haben soll, nicht denjenigen Beweis leisten, welchen sie leisten soll. Denn so wenig sie erklären würde, wie die wahren Propheten von der Richtigkeit ihrer Strafandrohungen überzeugt sein konnten,³) sondern es schon in diesem Puncte bei der alten Vorstellung bleiben muss, dass die wahren Propheten wie schon längst so auch in Jesaja's Zeit wegen der Herkunft ihrer Aussprüche das Bewusstsein von deren Sicherheit besassen, ebensowenig würde sie auch die Entstehung des Monotheismus in Israel erklären, weil die Betonung des numerischen (des expliciten) Monotheismus nicht blos nirgends mit der Heiligkeit Gottes in Verbindung gesetzt ist, sondern auch erst bei Jeremia vorliegt.

Also ist der sogenannte „ethische Monotheismus der Propheten", eine unbegründete Erfindung der Entwickelungstheoretiker. Nur die Vorstellung richtig, dass ein durch die in Mose's Zeit gemachten Erfahrungen gewonnenes Princip, nämlich die Ueberzeugung von der Einzigartigkeit

---

1) Vgl. über diesen seinen Versuch bereits in meinem „Offenbarungsbegriff des A. T." I, S. 35.

2) Ausser (Hab. 1, 12 und ausser) Jesaja's Nachahmer im babylonischen Exil und ausser dem Compilator von Jer. 50. 51.

3) Dies habe ich gegen Kuenen schon in meinem „Offenbarungsbegriff des A. T." I, S. 35 erwiesen und bin jetzt zu noch deutlicherer Beweisführung bereit.

des Gottes Israels, im Parallelismus mit der fortschreitenden Real- und Verbalmanifestation des Offenbarungsgottes seine Consequenzen gezogen hat, mit andern Worten, dass ein positiv schon lange ausgedrückter Satz, Jahweh sei einzigartig, endlich auch seine negative Formulirung gegenüber den Göttern der vorderasiatischen Grossmächte gefunden hat, als diese auf das Volk Jahwehs einstürmten. Denn weder hat die Heiligkeit als Merkmal im vorprophetischen Begriffe Jahwehs gefehlt, noch das Merkmal der Allmacht im Gottesbegriff der Schriftpropheten. Allmacht und Heiligkeit haben bei der Constituirung des wahren Gottesbegriffes nicht abgewechselt und brauchten nicht abzuwechseln, weil sie zwei ganz verschiedene und zwei gleich nothwendige Seiten des wahren Gotteswesens beschreiben. Also ist nicht bei den Schriftpropheten die israelitische Gottesidee in eine andere, höhere Sphäre versetzt worden, und nicht erst bei den Schriftpropheten ist durch die Betonung der Heiligkeit Jahwehs derselbe in Gegensatz zu den andern Göttern getreten. Vielmehr längst, ehe Jesaja den Jahweh als den Heiligen Israels gepredigt hat, hat Amos (3, 7) gewusst, dass in der That- und Wortkundgebung des israelitischen Gottes der Causalnexus der Weltgeschichte seine tiefsten Wurzeln besitzt. Gleich wie Amos, haben es aber auch die 7000 Jahwehliebhaber gewusst, welche, dem Elia nacheifernd, ihre Kniee nicht vor Baal gebeugt haben (1 Kön. 19, 28). Wie Elia, hat es aber auch Samuel gewusst, als er die Eben haezer als ein Denkmal des thatsächlichen Eingreifens Jahwehs in die Geschichte aufstellte und mit der Inschrift versah „Bis hieher hat uns Jahweh geholfen" (1 Sam. 7, 12). Und diese Männer können in den Zeiten des politischen Niederganges des Jahwehvolkes die erwähnte Erkenntnis nicht erst gewonnen, sondern müssen dieselbe, wie auch die Gesammttradition Israels will, von Mose her ererbt haben, welcher, als seines Gottes Hand die Feinde zerschmetterte, die grundlegliche Erfahrung machte, dass Jahweh allein unter allen überirdischen Potenzen den Namen Gottes verdiene (Exod. 15, 6. 11).[1])

---

1) Goldziher, Der Mythus bei den Hebräern (1876), S. 327 ff. hat gemeint, mit der politischen und cultischen Centralisirung unter David habe die Erscheinung begonnen, welche Goldziher die monotheistische Bearbeitung des Elohimgedankens nennt, und welche, durch verschiedene Stufen hindurchgehend, in der Formel ha-elohim = ὁ θεός ihre schliessliche deutliche Ausprägung erhalten habe. Weil nun auch der Canaanäis-

Gab es also — um die in dieser Untersuchung aufgeworfene Frage noch einmal in ihrer ganzen Schärfe zu formuliren — bei den treuen Hütern der wahren israelitischen Tradition einen Jahwismus, neben welchem man z. B. der Baalsreligion, oder der Molochsreligion die gleiche Würde zugeschrieben hätte? Indem die Entwickelungstheoretiker diese Frage bejahen, verkennen sie die apriorische, ganz selbstverständliche Superiorität, welche für die echten Pfleger der Nationaltradition Israels die Verehrung desjenigen überirdischen Wesens besass, das sich in der grossen Entscheidungsstunde des israelitischen Volksschicksals durch Beweise der Gnade und Macht einen Anspruch auf die Dankbarkeit Israels erworben hatte.

VII. **Gab es eine Entwickelung des Jahwismus in der Vorstellung von der Wesenheit Jahwehs?**

Gerade in Bezug auf die Substanz Gottes soll sich der handgreiflichste Fortschritt der israelitischen Vorstellungen vollzogen haben, soll Israel deutlich von der Stufe der Naturreligion zu der Stufe eines, wie man meint, erst wahrhaft geistigen und menschenwürdigen Gottesbegriffes erhoben haben, da es von der Anschauung Jahwehs als eines Feuers zu der Vorstellung Jahwehs als einer Abstraction, einer Idee fortgeschritten sei. So sagten nicht blos Daumer[1] sowie Ghillany[2]: „Jahweh ist Feuer" und Ernst Meier[3]: „Jahweh ist der leuchtende Himmel". Vielmehr auch nach Kuenen[4] sind einerseits die Vergleichungen Jahwehs mit dem Feuer oder mit dem Lichte, deren sich die Propheten

---

mus dieses elohim gebraucht habe, sei das Nomen proprium Jahweh seit Davids Zeit geschaffen worden. Aber schon Nestle, Die israelitischen Eigennamen (1876), S. 138 f. hat dagegen richtig gefragt: Sollte, nachdem elohim oder ha-elohim als Bezeichnung des einen Gottes gebräuchlich gewesen wäre, noch das Bedürfnis entstanden sein, einen Eigennamen für ihn zu schaffen? Ist nicht vielmehr aus Jahweh, dem Gotte Israels, der Gott κατ' ἐξοχήν, ha-elohim, oder schliesslich blos noch elohim geworden? Und wo ist ein Beweis, dass die Israeliten der früheren Zeit je ha-elohim oder elohim als Eigenname gebraucht hätten?

1) Der Feuer- und Molochdienst, S. 18—22.
2) Die Menschenopfer S. 278—298.
3) Tübinger Theologische Jahrbücher, B. I, 1842, S. 473 f.; vgl. dazu K. Plank in Bd. IV, 1845, S. 478 f.
4) De Godsdienst I, S. 240 f.

zu bedienen pflegen,¹) deutliche Spuren der sicheren ursprünglichen Verwandtschaft Jahwehs und Molochs. Andererseits davon, dass auch nach Ansicht der späteren Israeliten Gott eine Wesenheit besessen habe, ist bei Kuenen nicht die Rede, sondern gemäss ihm ist bei den späteren Israeliten Gott eine philosophische Idee und der Geist Gottes eine Abstraction, also ein Abstractum.²)

Nach meinem Urtheil sind aber beide Puncte, sowohl der angebliche Anfang als auch der angebliche Abschluss der fraglichen Entwickelung, nicht aus dem A. T. zu entnehmen.

1) **Gegenbeweis gegen die Behauptung, vom vorprophetischen Jahwismus sei Gottes Wesenheit als Feuer gedacht worden.**

Nach Kuenen selbst ist Jahweh bei den Propheten mit Feuer und Licht nur verglichen worden, und Kuenen³) selbst muss sagen: „Wir verkennen natürlich nicht, dass die israelitischen Frommen, während sie diese Ausdrücke⁴) gebrauchen, sich bewusst sind, in Bildern zu sprechen. Für sie hatte Jahweh längst aufgehört, einer der vielen Naturgötter zu sein; er ist in ihren Augen der eine wahrhaftige (2 Sam. 22, 32)". Die alttestamentliche Anschauung war aber, wenn man genauer zusieht, die folgende. In der That war Lichtglanz nur die Form, in welcher sich Gott offenbarte. So ist es, wenn als Ofen des Rauches und Flamme des Feuers die Gottheit zwischen den Opferstücken Abrahams hindurchschritt Gen. 15, 17; wenn der Dornbusch brannte, aber nicht verbrannte Exod. 3, 2; wenn die Wol-

---

1) Amos 5, 6; Jes. 10, 17; 30, 27; 33, 14, vgl. auch 4, 5; 30, 30. 33; 31, 9.
2) Ich darf daher durchaus hierher ziehen, was Kuenen, Volksreligion und Weltreligion, S. 124 am Schlusse seiner Darstellung der allmählichen Erhöhung des israelitischen Gottesbegriffes sagt: „Was sich [beim Zusammenbruch der weltlichen Existenz ihres Volkes] vor den Augen des Geistes der Propheten enthüllte, war nichts Geringeres, als die Idee einer sittlichen Weltregierung. In den wechselseitigen Zusammenhang der Naturkräfte und -wirkungen haben die Propheten keinen Einblick gehabt. An die Möglichkeit, sie auf eine Ursache zurückzuführen oder daraus abzuleiten, haben sie nicht gedacht. Wohl aber sahen sie, soweit ihr Blick reichte, die Verwirklichung eines Planes, alles, nicht allein das Gewühl der Völker, sondern auch die gesammte Natur der Verwirklichung eines grossen Zieles dienstbar gemacht".
3) De Godsdienst I, S. 240.
4) Exod. 3, 2; 24, 17; Deut. 4, 24; vgl. 9, 3; 2 Sam. 22, 9.

ken- und Feuersäule die Führerin Israels durch die Wüste hindurch war Exod. 13, 21; wenn feurige Rosse und Wagen den Elia in das Jenseits emporrafften 2 Kön. 2, 11 und um Elisa herum waren 6, 17; wenn Feuerflammen aus dem Thronwagen Gottes hervorzuckten Hes. 1, 3. Darum singt, die prophetischen Erfahrungen reproducirend, der Psalmist: „Licht ist dein Kleid, das Du anhast" Ps. 104, 2., wie ja auch im N. T. „die Klarheit des Herrn sie umleuchtete" Luc. 2, 9, und Christi Angesicht bei der Verklärung, als seine innere Lichtnatur momentan hindurchbrach, leuchtete wie die Sonne Matth. 17, 2; vgl. über die von Christo während seiner Entäusserung verhüllte $\delta \acute{o} \xi \alpha$ Joh. 12, 28; 17, 5 und über das Licht als die vibrirende Peripherie des göttlichen Geistreale 1 Tim. 6, 16: Gott wohnt in einem Lichte, da niemand zukommen kann.

Woraus will man es beweisen, dass das verborgene Wesen Jahwehs von seinen treuen Verehrern in älterer Zeit mit Feuer oder Licht identificirt worden ist? Aus den Spuren, gemäss welchen sogar noch nach Kuenen's Urtheil der ältere Jahwehcultus mit dem Cultus des Moloch Verwandtschaft besessen hat. Diese angeblichen Spuren sind die Menschenopfer oder dessen angebliche schwächere Aequivalente, die dem alttestamentlichen Jahweh dargeboten und als ihm wohlgefällig angesehen worden sein sollen. Ich spreche aber darüber erst weiter unten, wo es sich um die fragliche Entwickelung des alttestamentlichen Begriffes der Heiligkeit Jahwehs handelt; denn auf jeden Fall könnte man aus diesen Spuren nur auf den Character, nicht aber auf die Wesenheit Jahwehs zurückschliessen.

Oder will man, um Feuer und Licht als die dem transcendenten Gotteswesen zugeschriebene Natur zu erweisen, auf den, wie man meint, nothwendigen oder wahrscheinlichen[1]) Zu-

---

1) So z. B. noch Pfleiderer a. a. O. S. 357: „Wirklich wird Jahwehs nahe Verwandtschaft mit den Licht- und Feuergottheiten der Semiten schon dadurch mehr als wahrscheinlich gemacht, dass die Spuren dieser seiner Naturseite auch später noch, in der geistigen Auffassung der Propheten, nicht ganz verwischt sind. Mit Recht wird aber zu schliessen sein, dass solche Züge, die zur geistigen Seite des Jahwismus nicht passen und deshalb später allerdings mehr nur die Bedeutung von Sinnbildern haben, ursprünglich doch ganz eigentlich gemeint gewesen seien und sonach Reste der anfänglichen sinnlicheren Auffassung des göttlichen Wesens darstellen".

sammenhang Jahwehs mit den Gestirngottheiten der Semiten hinweisen? Der exegetische Thatbestand ist dieser auf dem Standpunct der vergleichenden Religionswissenschaft freilich naheliegenden Vermuthung nicht günstig. Denn gerade im Gegensatz dazu, dass Israels Gottheit von Anfang an als ein Zweig des weiter verbreiteten Ssabäismus siderischen Character besessen haben soll, taucht in Wirklichkeit die Gottesbezeichnung Jahweh Ssebaoth erst in Samuels Zeit auf und hat auch nicht von vornherein eine Beziehung auf die Gestirne. Der genannte Ausdruck kann also nicht für eine uralte Gottesbenennung, nicht für ein Element der patriarchalischen oder mosaischen Religionsstufe gehalten worden sein.[1])

Und welchen Sinn hat das A. T. mit der nach israelitischer Erinnerung in Samuels Periode aufgekommenen Gottesbezeichnung verbunden? — α) Nach den authentischen Erläuterungen der Schrift selbst[2]) ist Ssebaoth von den zum Kampfe für Jahweh ausziehenden irdischen, israelitischen Heerschaaren gemeint. Der Name ist der Ausfluss der mit Samuel beginnenden kriegerischen Glanzzeit Israels; vgl. die Erklärung von „Jahweh Ssebaoth" als „des Gottes der Schlachtreihen Israels" 1 Sam. 17, 45 sowie die Schilderung Jahwehs als des Kriegsgottes in Ps. 24, 8; Jes. 13, 4, auch Redeweisen, wie „Du ziehst nicht aus mit unsern Schaaren" (Ps. 44, 10; 60, 12), weil Jahweh wirklich als dem israelitischen Heere voranschreitend und die Feinde erlegend gedacht wurde (2 Sam. 5, 24). So nach dem Vorgange Herder's[3]) und v. Cölln's[4]) Gustav Baur[5]); Herm. Schultz, Alttestl. Theologie S. 492 f.; Schrader, Artikel „Zebaoth", in Schenkel's Bibellexicon (1875) und in den Jahrbüchern für Protestan-

---

1) Wenn man also in Bezug auf die Unzuverlässigkeit der israelitischen Religionsgeschichtstradition nicht Daumer beistimmen will, sondern einen gewissen richtigen Kern der Ueberlieferung noch annimmt, was doch auch Tiele thut, so kann man nicht mit ihm (Compendium S. 97) von einem „echtnationalen Sonnen-, Mond- und Gestirndienst sprechen, dem nicht wenige in Israel noch immer [in der Zeit der Schriftpropheten] treu geblieben waren".

2) Exod. 7, 4: Ich werde ausführen meine Heere, mein Volk; 12, 41. 51.

3) Werke zur Religion und Theologie, Stuttgart 1827—30; Bd. 2, S. 166 f., z. B. „David gebrauchte den Namen Jeh. Zeb. zuerst gegen den Philister (1 Sam. 17, 45) und erklärt ihn als den Namen eines Gottes der Schlachtordnungen Israels, d. i. als einen, der für Israel streitet."

4) Biblische Theologie 1836, S. 104.

5) In der 5. Aufl. von De Wette's Psalmencommentar 1856, S. 171.

König, Hauptprobleme. 4

tische Theologie I (1873), S. 316 ff.; Grätz, Geschichte der Juden I. S. 259.
— β) Alle diese Gelehrten haben aber zugleich richtig gemeint, dass in späteren Zeiten¹) Jahweh Ssebaoth nicht mehr oder nicht mehr blos auf Führung der israelitischen Heerschaaren bezogen wurde, sondern Ssebaoth die Verbindung der irdischen Heere, der Gestirne und der Engel bedeutete. „Der frühere sinnliche und beschränkte Begriff", sagt v. Cölln a. a. O. S. 105, „wurde also bei den Propheten geistiger und umfassender und nähert sich der Vorstellung eines Allherrschers ($\pi\alpha\nu\tau\sigma\kappa\rho\acute{\alpha}\tau\omega\rho$), was schon die LXX oftmals für Ssebaoth gesetzt haben". Einen ursprünglichen und einen späteren Sinn des Ausdruckes Jahweh Ssebaoth hat hauptsächlich auch Graf Baudissin, Studien zur Semit. Religionsgeschichte I (1876), S. 119—123 angenommen. — γ) Dagegen, dass Ssebaoth von vornherein die Heere der Sterne und Engel bezeichnete²), spricht ausser den bereits angeführten Umständen, dass Ssebaoth nicht von jeher in der hebräischen Literatur auftritt und deutlich auf die Armeen Israels bezogen wird, noch dieses, dass das himmlische Heer Gottes immer nur im Singular Sseba' haschschamajim erscheint. Dieser Ausdruck bedeutet die Gestirne Deut. 4, 19; 17, 3; 2 Kön. 17, 16 etc. und die Engel 1 Kön. 22, 19; 2 Chron. 18, 18; Neh. 9, 6; Gen. 32, 2 f.; Jos. 5, 13 ff.; Jes. 45, 12. Dieser Singular ist auch vom Psalmisten (148, 2) bei צבא gemeint gewesen, indem dies צבאו gelesen werden sollte. Freilich von den Punctatoren ist dies, weil sie den vorhergehenden, auf das Collectivum צבא bezüglichen Plural des Verbs nicht verstanden als ssebaäv ausgesprochen worden; aber diese Aussprache war, wie unnöthig, so auch unrichtig, da es einen Plural ssebaim gar nicht gab. Denn dass dieser Plural beim Leben der Sprache existirt habe, kann aus der einzigen Form יצבאו Ps. 103, 21 nicht erschlossen werden, weil die Endung āv auch bei Singularformen öfter mit Jod geschrieben ist; vgl. Beispiele in meinem „Historisch-kritischen Lehrgebäude der Hebr. Sprache" I (1881), S. 49 f.

Enthält aber, kann man endlich sagen, nicht das A. T. selbst Spuren davon, dass der Ausdruck Jahweh ursprünglich eine sinnliche, d. h. eine für die gewöhnlichen Sinne wahrnehmbare Grösse bezeichnete? In der That heisst es Gen. 19, 24 „Und Jahweh liess regnen auf Sodom und auf Gomorrha Schwefel und Feuer von Jahweh her, vom Himmel" und Micha 5, 6 „wie Thau von Jahweh her". Scheint also nicht יהוה ursprünglich eine Bezeichnung für „Himmel" gewesen zu sein?

1) Bei Amos, Hosea (12, 6), Jes., Micha, Nahum, Hab., Zeph., Jer., Hag., Sach., Mal.

2) So Delitzsch in der Zeitschrift für die gesammte Lutherische Theologie und Kirche 1874, S. 217—222; Fr. W. Schultz in Zöckler's Handbuch der Theolog. Wissenschaften I, (1882), S. 299.

Die genannten Spuren hat hauptsächlich Ewald[1]) hervorgehoben, um eine sinnliche Grundbedeutung des Tetragramms im Gegensatz zu Exod. 3, 14 aufzufinden; ferner J. G. Müller[2]), weil er daraus die Verwandtschaft des hebräischen Gottesbegriffes und des indogermanischen Zeus, Jupiter begründen wollte; weiterhin Hitzig[3]) zum theil aus ebendemselben Grunde, zum theil aber auch, weil die Hebräer in späterer Zeit für Gott auch geradezu Himmel sagten, als nämlich der „am Grunde verborgen liegende Grundgedanke an die Oberfläche auftauchte", und weil endlich die Heiden den Juden Verehrung des Himmels vorgeworfen hätten. Das alles sind selbstverständlich keine giltigen Argumente. Deshalb hat schon Herm. Schultz[4]) die Meinung Ewalds eine sehr zweifelhafte genannt, und man kann in Wahrheit nur mit Dillmann[5]) urtheilen, dass der Ausdruck „von Seiten Jahwehs" denselben Sinn, wie der Ausdruck „vom Himmel her" besessen hat. Gemäss dem ganzen A. T., nach welchem Israels Gott[6]) ein persönlicher gewesen ist, kann nun aber יהוה in der auch noch von Micha gebrauchten Formel „Thau von Jahweh her" nur ebenso als „der Besitzer des Himmels" gemeint sein, wie der höchste Gott, dessen Priester Melchisedek gewesen ist (Gen. 14, 19).

Demnach liegen im A. T. keine Beweise vor, nach welchen die Wesenheit des Gottes Israels, abgesehen von den Momenten der Manifestation, als eine für die gewöhnlichen Sinne wahrnehmbare Grösse gedacht worden wäre.

2) **Gegenbeweis dagegen, dass der Gott des prophetischen Jahwismus ein Abstractum gewesen sei.**

Ich behaupte, dass auch der Gott der Propheten kein Gedankending, keine Idee, sondern etwas Reales, etwas Concretes, obgleich kein Theil der sichtbaren Stofflichkeit gewesen ist. Denn der Gott der Propheten ist hinsichtlich seiner Wesenheit von ihnen als reiner Geist bezeichnet worden. Denn richtig sagt Oehler[7]): „Durch die Aussagen des A. T. wird der Geist als

---

1) Geschichte des Volkes Isr. II, S. 223.
2) Die Semiten etc. (1872), S. 163.
3) Vorlesungen über Bibl. Theol. etc. § 7, 1.
4) Theologie d. A. T. S. 487.
5) Die Genesis erklärt (1882) bei 19, 24.
6) Wie auch Hitzig, Vorlesungen über Bibl. Theologie § 7, 2 richtig anerkannt hat.
7) Alttestamentliche Theologie § 46.

das Lebenselement Gottes gesetzt, vgl. Jes. 40, 13; Ps. 139, 7; auch den Gegensatz Jes. 31. 3 „„Die Aegypter sind Mensch und nicht Gott, und ihre Rosse sind Fleisch und nicht Geist"". Da entspricht das rûach (Geist) dem êl". Auch v. Lengerke[1]) schreibt richtig dem alttestamentlichen Gotte Immaterialität zu. Ferner Hitzig, welcher[2]) mit Recht anerkennt „Gott galt als Geist", macht in treffender Weise noch auf 1 Kön. 19, 13 aufmerksam, wo ein stilles, sanftes Sausen die begleitende Hülle, wenn nicht gar das Element der dem Elia erscheinenden Gottheit ist. Auch Herm. Schultz, welcher in der Scheu vor Verirrung zu angeblicher sinnlicher Auffassung übersinnlicher Dinge bemerkt:[3]) „Es wird auch in der Prophetie nicht von Gott als Geist geredet, sondern von dem Geiste Gottes" muss doch[4]) zugeben: „Mit der Auffassung des Jesaja (31, 3) ist in der That am meisten dasjenige ausgedrückt, was im N. T. lehrhaft ausgesprochen ist „Gott ist Geist". Ewald aber endlich hat[5]) offen ausgesprochen: Wiewohl erst Christus die Wahrheit in diesen so kurz gedrängten Satz [Joh. 4, 24] einkleidet, so ist sie doch durch Mose schon gegeben; ja sie ist gerade durch Mose's Offenbarung zu dem einzigen festen aber auch nothwendigen Grunde aller Stellungen des Menschen zu Gott gemacht.

Dass aber auch der Ausdruck „Geist Gottes" im A. T. als ein Etwas, als ein Träger einer überirdischen Kraft, aber weder als trägerlose Kraft noch als unvermittelter Habitus noch als Einbildung aufzufassen ist, dies habe ich bereits in meinem „Offenbarungsbegriff des A. T." I, S. 126—133 gegenüber den neueren Behauptungen (auch Kuenens) ausführlich vertheidigt.

Als diese geistige Substanz, als das allein unzusammengesetzte und darum auch allein vor Veränderung sowie Auflösung bewahrte Reale, ist der Gott Israels der Lebensanfang und der letzte immerwährende Lebensquell für das Universum (die Gesammtheit der zusammengesetzten Dinge).[6]) Da ferner nicht blos in der Offenbarungsgeschichte die Herrlichkeit Gottes oft gestrahlt hat[7]),

---

1) Kenáan S. 452.
2) Vorlesungen über Bibl. Theologie, S. 50.
3) Alttestamentliche Theologie S. 467 f.
4) A. a. O. S. 469.
5) Lehre der Bibel von Gott, Bd. II, S. 125.
6) Jes. 37, 4. 17; Jer. 10, 10; Num. 14, 21. 28; Ps. 42, 3.
7) Vgl. oben S. 17 f.

sondern auch in der Heilszukunft der Lichtglanz Gottes die jetzigen Gestirne überstrahlen wird (Jes. 60, 19 f.): so ist die Substanz Gottes endlich auch als eine solche gedacht worden, welche bei ihren Schwingungen im Lichte flimmert.

VIII. Gab es im Jahwismus eine Entwickelung hinsichtlich der Abbildbarkeit Jahwehs?

Um es genauer zu fixiren, so ist dies die entscheidende Frage, wann oder ob jemals treue Jahwehverehrer die sinnliche Darstellung Jahwehs als wahrhaft berechtigt angesehen haben, sodass sie in der Aufstellung von Jahwehbildern keine religiöse Verirrung, keine Verleugnung der richtigen israelitischen Gottesanschauung gefunden hätten.[1])

Da die kleinen Stiere[2]) sowohl während der Wüstenwanderung (Exod. 32, S. 23) als auch im Zehnstämmereich (1 Kön. 12, 28) eine Versinnlichung Jahwehs sein sollten, so ist von ihnen auszugehen. Ueber ihre Herleitung sind im wesentlichen drei Meinungen möglich, und diese haben auch alle drei ihre Vertreter gefunden. Denn man kann erstens sagen, der Stier als Bild der Gottheit sei aus einem fremdnationalen Cult entlehnt; oder zweitens, er stamme aus dem urväterlichen Cult der Hebräer und sei eine volksthümliche, aber stets nur geduldete und beklagte Erbschaft oder auch Erneuerung aus der alten Zeit Israels; oder drittens, die Stieranbetung sei die legale mosaische sowie nachmosaische Art der Verehrung Jahwehs.

---

1) Gegenüber den ganz maasslosen Aeusserungen Daumer's (a. a. O. S. 117) und Ghillany's (a. a. O. S. 298—358) haben im wesentlichen schon v. Lengerke (a. a. O. S. 452—454) und sogar Noack (Mythologie u. Offenbarung S. 297) den einzig auf begründeter Kritik des A. T. erbauten Standpunct vertheidigt.

2) בעל hatte nicht die Bedeutung „Esel", wie Daumer (a. a. O. S. 179 —181) wollte, da die Bedeutung der Thiernamen häufig in den Sprachen wechsele; da ferner durch die Annahme dieser Bedeutung der alte Vorwurf, dass die Juden den Esel verehrten (Joseph. c. Ap. 2, 7, vgl. Tacit., Hist. 5, 3), erklärlich werde; da endlich gerade nur der Esel (Exod. 13, 13) als unreines Thier genannt werde, die Unreinheit der Thiere aber mit der religionsgeschichtlichen Stellung der betreffenden unreinen Thiere zusammenhänge (Vgl. darüber wieder Robertson Smith, Animal Worship etc. im Journal of Philology, Bd. IX (1880), S. 97 f.). Denn da das Wort בעל sowie sein Femininum ausdrücklich (z. B. Jes. 7, 21) zum Rindvieh gerechnet wird, so kann es auch als Cultusgegenstand keine andere Bedeutung gehabt haben.

Obgleich das A. T. nicht direct von einem ägyptischen Ursprung der Stierversinnlichung Jahwehs spricht, so scheint es doch indirect die Annahme des genannten Ursprungs nahe zu legen. Denn nicht blos das erste Auftreten des Stierbildes zeigt sich bei dem kurz vorher aus Aegypten gekommenen Volke, sondern auch der Erneuerer des Stierbildes (Jerobeam I) hatte sich in Aegypten aufgehalten. Ausserdem hat nach der Erinnerung Israels, als deren Interpreten wir doch Hesekiel ansehen müssen, Israel nicht blos während seines ägyptischen Aufenthaltes sich an den Götzen Aegyptens verunreinigt[1]), sondern auch die „aus Aegypten mitgebrachte" religiöse Untreue nach der Auswanderung aus Aegypten fortgesetzt[2]) und hat nach der Ansiedelung in Canaan in der religiösen Untreue sich an „die Aegypter, seine Nachbarn" angelehnt.[3]) Nun ist allerdings als Beweis dafür, dass sich Israel in seiner religiösen Untreue an das benachbarte Aegypten anschloss, nicht das Stierbild erwähnt, auch ist diese religiöse Anlehnung Israels an Aegypten von Hesekiel (16, 26) vor die philistäische Bedrängung Israels gesetzt (v. 27); aber der Prophet kann statt aller vorassyrischen Bedrängnis Israels die philistäische als die am schwersten auf Israel lastende (1 Sam. 13, 19—23) genannt haben, und keinesfalls wird durch jenen ersteren Umstand die Thatsache beseitigt, dass Israel zu Hesekiels Zeit von einem Einfluss Aegyptens auf die in Canaan geübte religiöse Untreue Israels wusste. In der That wird die Stierversinnlichung Jahwehs noch bei nicht wenigen neueren Gelehrten als Nachahmung des Apis- und Mnevisdienstes angesehen.[4])

---

1) Hes. 20, 7. 8; Jos. 24, 14.
2) Hes. 23, 3. 8. 19. 21.
3) Hes. 16, 26; vgl. auch 8, 7–13, obgleich an dieser letzten Stelle der ägyptische Ursprung des Götzendienstes nicht ausdrücklich genannt ist.
4) Z. B. von Kurtz, Geschichte des Alten Bundes II (1858), S. 314; Keil, Archäologie, 2. Aufl. 1875, § 90; Delitzsch in Riehm's Handwörterbuch des Bibl. Alterthums, S. 1116; de Wette, Archäologie, 3. Auf. (1842), § 193; v. Lengerke, Kenáan, S. 553; Thenius zu 1 Kön. 12, 28; J. G. Müller, Die Semiten etc. S. 152; Ewald, Die Alterthümer des Volkes Israel, 3. Aufl. S. 299 f.; Hitzig, Vorlesungen über Bibl. Theol. S. 26; Kleinert im Art. Jerobeam in Riehm's Handwörterbuch; Grätz, Gesch. der Juden I. S. 44. Ueberdies, dass אביר (stark, Held) Gen. 49, 24; Jes. 1, 24 etc. vom ägyptischen Apis hergenommen sei, weil אביר (stark) in gehobener Rede auch den Stier bezeichnet (Ps. 22, 13; Jes. 34, 7), dies hat bereits v. Lengerke (Kenáan S. 464) behauptet und ist also keine neue Entdeckung von Grätz

Nach meinem Dafürhalten kann die fragliche Herleitung des Stierbildes nicht für unmöglich erklärt werden. Denn obgleich Gegenstände der Verehrung bei den Aegyptern lebendige Thiere waren, so gab es doch bei Processionen der Priester und in den Tempeln Nachbildungen heiliger Thiere. An diesem Thatbestand kann das Urtheil, welches Le Page Renouf[1]) fällt, um so weniger ändern, als dasselbe eine sehr oberflächliche Verwerthung des A. T. zeigt. Ausserdem lag die Stadt On, in welcher der hellfarbige Stier (Mnevis) verehrt wurde, in Gosen oder an seiner Grenze.[2]) Obgleich nun freilich der kleine Stier schon in der Wüste den Gott Israels, den Gott, welcher sich gegenüber Aegypten mächtig erwiesen hatte, darstellen sollte: so scheint man mir mit der Betonung dieses Umstandes das entscheidende Gewicht auf einen Punct gelegt zu haben, welcher es nicht besitzen soll. Denn nicht um die Frage handelt es sich, wie das aus Aegypten gerettete Israel einen ägyptischen Gott anbeten konnte, sondern blos um die, ob Israel zur Versichtbarung seines eigenen Gottes ein ägyptisches Bild wählen konnte. Diese Frage scheint aber nicht unbedingt verneint werden zu können. Israel gedachte ja nicht nur an die Fische und Gemüse Aegyptens zurück (Num. 11, 5), son-

---

a. a. O. I, S. 370. Aber die Behauptung ist auch unrichtig, weil abbir erstens im allgemeinen „stark" heisst und auch den Fürsten (Ps. 68, 31) bezeichnet; weil es zweitens, wie den Stier, auch das Ross bezeichnet (Jer. 8, 16; 47, 3; 50, 11); weil es drittens nicht Jer. 46, 15 ausdrücklich Apis heisst. Also ist nicht abir ein sicheres Zeichen für das Eindringen ägyptischer Vorstellungen in den israelitischen Gedankenkreis. Vielmehr erinnert mich das abir an den starken Adler, welcher Israel auf seinen Schwingen (vgl. אבר) aus Aegypten zu sich getragen hat Exod. 19, 4; Deut. 32, 11; Ps. 91, 4.

1) Vorlesungen über die Religion der alten Aegypter (Leipzig, 1881), S. 288: „Den Aberglauben oder Götzendienst der Israeliten auf ägyptische Quellen zurückzuführen, scheint mir ganz unbegründet; man wollte in dem goldenen Kalbe eine Darstellung des Apis oder Mnevis erkennen, aber es sind keine genügenden Belege für diese Annahme vorhanden. Die Anbetung von Stieren als Symbolen der Gottheit war den Aegyptern nicht allein eigen; sie ist in allen alten Religionen zu finden. Der Wagen und die Rosse der Sonne, welche die Könige von Juda am Eingang des Tempels hatten aufstellen lassen und welche Joas [!] mit Feuer zerstörte, beweisen, dass die Israeliten ihre eigene, unabhängige Mythologie hatten" [!].

2) Vgl. Ebers in Riehm's Handwörterbuch des Bibl. Alterthums, S. 1111 f.

dern ägyptischer Einfluss lässt sich auch zunächst in den Cultusalterthümern Israels nicht verkennen. Denn z. B. der ägyptische Ursprung von Urim und Thummim wird immer seine Wahrscheinlichkeit behalten.

Bei der Beantwortung der vorliegenden Frage kann freilich kein Werth darauf gelegt werden, dass nach 2 Chron. 11, 15 Jerobeam I auch den Seirim Priester angestellt hat. Denn da nicht einmal die Bedeutung dieser Götzen feststeht, und da dieselben Jes. 13, 21; 34, 14 ganz ausser Beziehung zu Aegypten auftreten, so kann man sie auch Lev. 17, 7 ebensowenig, wie die Lev. 18, 23; 20, 15. 16 verbotene Unzucht, auf den Bockscultus Aegyptens zurückführen. Bei der letztgenannten Erscheinung kann man dies bestimmt deswegen nicht, weil bei ihr die Böcke gerade nicht erwähnt sind; weil Männern ebensogut wie Weibern diese Unzucht verboten ist; weil mehr noch, als die Vermeidung der ägyptischen Greuel, die der Canaaniter eingeschärft wird (Lev. 18, 3; 20, 22 ff.); weil endlich nicht etwa gerade diese Unzuchtsverbote dem Heiligkeitsgesetz eine unmittelbar nachmosaische Herkunft garantiren.[1])

Die Möglichkeit, dass in der Stierversinnlichung Jahwehs sich eine Anlehnung Israels an Aegypten zeige, muss man um so mehr anerkennen, als die in neuerer Zeit auf Seiten der kritischen Exegeten des A. T. mehr bevorzugten Ableitungen der erwähnten Erscheinung weniger Anhalt im A. T. besitzen, als man meint. Denn wenn das Stierbild noch zunächst eine Nachahmung des canaanitischen Cultus sein könnte: so sind allerdings mancherlei einzelne Elemente des Abfalles Israels auf canaanitischen Einfluss zurückgeführt[2]); aber das Stierbild ist nicht als canaanitische Entlehnung bezeichnet. Es ist auch nirgends mit dem Molekh der Ammoniter verknüpft. Der religiöse Einfluss der Assyrer begann aber gemäss der alttestamentlichen Erinnerung erst in einer späteren Periode der Geschichte Israels.[3])

Schwierig ist aber auch die neuerdings vielfach gebilligte zweite Herleitung der Stierversinnlichung Jahwehs, wonach die-

---

1) Bereits v. Bohlen hat (Genesis 1835, S. CLXXVI) ganz richtig bemerkt: „Hesekiel klagt ebenfalls über alle diese Laster (22, 10. 11) etc." Richtig ist also die Anmerkung Smend's in „Die Genesis des Judenthums" a. a. O. S. 140.

2) Hes. 16, 3. 15—25; Deut. 12, 2; 1 Kön. 11, 1 ff. etc.

3) Vgl. darüber oben S. 11.

selbe eine althebräische Idee gewesen sein soll.¹) Denn man muss sich doch fragen, weshalb bei den Abrahamiden von solchem Bilderdienst nicht die Rede ist, obgleich nach dem Ausweis der Quellen nicht zugegeben werden kann, dass die Tradition bestrebt gewesen wäre, die Helden der Vergangenheit von religiös-moralischen Verirrungen zu reinigen. Es wird ja wirklich davon geredet, dass in Jacobs Familie Götterbilder waren (Gen. 31, 19 etc.); aber niemals wird die Gestalt des Stieres erwähnt. Wenn also Herm. Schultz (a. a. O. S. 101) sagt, dass das Stierbild des Volksgottes in der Wüste, bei Gideon, Micha, Jerobeam ²) auf uralte Neigung Israels zu dieser Darstellung schliessen lasse: so ist die Voraussetzung der Stiergestalt des in Richt. 8. 17 erwähnten Gottesbildes gerade der fragliche Punct. Daher muss auch Riehm ³) seinen Satz, die Annahme liege nahe, dass auch in Richt. 8. 17 an ein Stierbild zu denken sei, zumal Dan seit Jerobeam eine der zwei Hauptstätten des Stierdienstes war, sofort selbst durch die Bemerkung einschränken, dass bei der Unbestimmtheit der gebrauchten Ausdrücke und bei der engen Verbindung, in welche Richt. 18, 18 das Bildnis und der Leibrock gesetzt sind, es immerhin möglich scheine, dass das Symbol der Gottheit hier eine andere, zu äusserlicher Verbindung mit dem Leibrock geeignetere (säulenartige, oder menschenähnliche) Gestalt hatte. Auch daraus, dass die Stadt Dan von Jerobeam mit erwählt wurde, kann man nicht erschliessen, dass in Dan seit älterer Zeit bei der Verehrung Jahwehs gerade ein Stierbild gebraucht wurde. Nein, wenn man die Wahl der Stadt Dan (wie die von Bethel) nicht rein aus ihrer geographischen Lage erklären kann, sondern diese Wahl von der alten religionsgeschichtlichen Bedeutung der Stadt abhängig denken muss, so hat man doch streng genommen blos das Recht, zu sagen, dass in Dan von früher her die bildliche Verehrung Jahwehs bekannt und üblich war.

Gegenüber diesem über die Thatsächlichkeit althebräischen

---

1) So Herm. Schultz, Alttestl. Theologie S. 101; Dillmann im Commentar zu Exodus-Leviticus bei Exod. 32, 4; Diestel im Artikel „Goldenes Kalb" in Riehm's Handwörterbuch S. 807; Graf Baudissin im Artikel „Gold. Kalb" in der Protestant. Realencyclopädie, VII (1880), S. 395 f.; Kautzsch im Artikel „Jerobeam" ebendaselbst, VI (1880), S. 637; Oehler, Alttestamentliche Theologie § 172, 1.

2) Exod. 32, 4; Richt. 8, 27; 17, 3 ff.; 18, 31; 1 Kön. 12, 28 ff.

3) Im Artikel „Bilderdienst" seines Handwörterbuchs.

Stierbilderdienstes im A. T. beobachteten Schweigen können die Umstände, auf welche Graf Baudissin sich zurückzieht,[1]) nicht beweisen, dass die Verehrung der Gottheit unter einem Stierbilde bei den Abrahamiden und Israeliten einheimisch gewesen sei. Die von ihm hervorgehobenen Phänomene können allerdings auf die Ideen aufmerksam machen, auf deren Erwachen bei der Darbietung der Stierversinnlichung Jahwehs die Urheber[2]) derselben rechnen konnten. Solche Anknüpfungspuncte muss aber das Stiersymbol Jahwehs, auch wenn es in der Wüstenwanderung eine Anlehnung an den ägyptischen Cult gewesen und auch von Jerobeam I als eine Reminiscenz an das von Aaron gefertigte Gottesbild gemeint und vom späteren Volksbewusstsein so aufgefasst worden ist,[3]) auf jeden Fall zugleich in dem ererbten Gedankenkreise und Sprachgebrauche Israels besessen haben. Ich muss es also für möglich halten, dass die Stiersymbolisirung Jahwehs die beiden bisher besprochenen Ausgangspuncte zu gleicher Zeit gehabt hat; ich muss mich aber mit allen Gelehrten, welche diese beiden bis jetzt erörterten Beantwortungen der vorliegenden Frage vertreten, gegen diejenige Herleitung der Stierversinnlichung Jahwehs erklären, welche von den Entwickelungstheoretikern aufgestellt worden ist.

Während nämlich noch Gramberg[4]) die Stierversinnlichung

---

1) Protestantische Realencyclopädie Bd. VII (1880), S. 395 f.: „Wie die Grossen und Mächtigen der Erde vielfach unter dem Bilde von Stieren dargestellt werden und insbesondere das Stierhorn ein Bild für die Kraft ist, so wird das letztere Bild auch zur Darstellung der göttlichen Kraft und des von ihr ausgehenden Heiles nicht verschmäht". „Es mag noch der alttestamentliche Ritus der Bereitung des Entsühnungswassers einer rothen Kuh (Num. 19) auf alle Heiligkeit des Rindes verweisen". Diesem letztgenannten Umstand kann man aber keine Beziehung zur Stierversinnlichung der Gottheit zuschreiben; vgl. meinen Artikel „Reinigungen" in der Protestant. Realencycl. Bd. XII (1883), S. 633.

2) Namentlich Jerobeam I, zu dessen Zeit die Israeliten zwar die Erinnerung an den ägyptisierenden Stierbilderdienst der Wüstenwanderung besessen haben können, aber in ihrer Masse vom directen Einfluss ägyptischen Gottesdienstes fern waren.

3) Man beachte 1 Kön. 12, 28 als Worte Jerobeam's: Siehe, das ist dein Gott, o Israel, der dich aus Aegypten heraufgeführt hat; ferner Hes 16, 26: Und du begingst religiöse Untreue hin zu den Aegyptern, deinen Nachbarn.

4) Kritische Geschichte der Religionsideen des A. T. 1 (1829), S. 444: „Dem Apis, welchen sie in Aegypten verehren gesehen, ahmten die zu

Jahwehs als eine aus Aegypten entlehnte Sitte aufgefasst hatte, hat Vatke¹) die Meinung vorgetragen, dass nicht blos das Stiersymbol der Gottheit ein in Israel von Alters her einheimisches gewesen sei, sondern dass auch nicht einmal Mose die Abbildung Jahwehs verboten habe.

Vatke machte erstens geltend, dass Mose nicht das Volk von der Versinnlichung der Gottheit habe abhalten wollen können, da auch die Bundeslade mit ihren Cherubsbildern zur körperlichen Vorstellung Gottes habe führen müssen, da ferner das Bilderdienstverbot aus der gegen die Götzenbilder gerichteten Polemik und aus der Erkenntnis der abstracten Idealität Gottes stamme, und da endlich die spätere Unbefangenheit des Bilderdienstes gegen die Mosaicität einer Untersagung desselben Zeugnis ablege. Jedoch dieses alles ist unstichhaltig, weil auch die Cherube nicht Jahweh darstellen sollten; weil schon Mose, als er seinem Volke im Auftrage Gottes die Grundlinien der Religion und Sittlichkeit zog, auch gegen die natürliche Tendenz Israels, das gewöhnlich unwahrnehmbare Gotteswesen zu versinnlichen, polemisirt haben kann; weil ferner dem Mose die Erkenntnis zwar nicht des blos idealen Wesens²), aber wohl der immateriellen Wesenheit Gottes zuzuschreiben ist; weil endlich die Propheten, diese besten Vertreter der Tradition Israels, nicht gegen die Mosaicität des Bilderdienstverbotes polemisirt haben.

Vatke vertrat zweitens mit Entschiedenheit diejenige Exegese, welche das Ephod³) als Jahwehbild auffasst.⁴) Aber

---

sinnlichen Culten geneigten Israeliten wahrscheinlich die Symbolisirung Jahwehs durch ein Stierbild nach, welche neben der sonstigen Verehrung Jahwehs bei der Bundeslade mehr als ein Privatcultus sich fortpflanzte, bis Jerobeam I, da der Jerusalemische Hofcultus sich für die idealere Form ohne Bild entschieden und die Bundeslade in Besitz genommen hatte, den Cultus des Jahweh-Apis im Reiche Israel zum herrschenden machte, zum Theil auch, weil in einem seiner Heiligthümer, zu Dan, bereits ein Bild Jahwehs, wenn auch vielleicht ein anderes, gewesen war."

1) Bibl. Theologie (1835), S. 233–235. 266–272. 395. 403. 453 f.
2) D. h. der blosen Gedankenexistenz: vgl. dagegen oben S. 51 f.
3) Richt. 8. 17. 18; 1 Sam. 21, 10; 23, 6. 9; 30, 7; Hos. 3, 4.
4) Für diese Auffassung z. B. De Wette, Archäologie und zwar schon in der 1. Aufl. von 1814, § 228; Gesenius in Thesaurus Linguae Hebraicae s. v. אפד (1829); Gramberg, krit. Gesch. der Religionsideen etc. I (1829), S. 448 f.; dann Vatke und seine Nachfolger, und auch Kuenen, welcher in De Godsdienst I (1869), S. 102 geurtheilt hatte, dass diese „meening te

ich möchte diese Interpretation wenigstens nicht mit Zweifellosigkeit adoptiren. Denn allerdings zeigt אֲפֻדָּה (Ueberzug) Jes. 30, 22, dass das Verb אפד in der Technik der Statuenverfertigung Verwendung gefunden hat; aber daraus ergiebt sich nur die Möglichkeit, dass אפוד „überzogenes Bild" bedeutete. Neben dieser blosen Möglichkeit steht nun aber die Wirklichkeit, dass אפוד den Ueberwurf des obersten Priesters bezeichnete.

Wenn aber Vatke meinte (S. 270, Anm.), die ganze Ansicht, dass אפוד an den oben genannten Stellen des A. T. das mit dem (die Urim und Thummim enthaltenden) Choschen versehene Schulterkleid des Priesters bedeute, beruhe „auf der unerwiesenen Voraussetzung von dem hohen Alter des hohenpriesterlichen Orakels": so überschreitet vielmehr seine Voraussetzung von der Jugend der hohepriesterlichen Jahwehbefragung diejenige Grenze der Negation, zu welcher gegenüber der früheren Ansicht von der Mosaicität alles cultusgeschichtlichen Detail des Pentateuch die Polemik der Propheten berechtig und nöthigt. Diese Voraussetzung Vatke's findet sich allerdings auch z. B. bei Stade wieder, indem dieser (Geschichte des Volkes Isr. S. 92) schrieb: „Hohepriester in dem Sinne, welchen man gewöhnlich mit dem Worte verbindet, gab es in vorexilischer Zeit gar nicht; auch der erste Priester am Tempel war lediglich ein königlicher Beamter". Aber ich stelle dieser Voraussetzung die Frage entgegen: Was waren Aaron, Eleasar, Pinehas, Eli in Silo, Ahimelech in Nob, dann Abjathar (der Freund Davids) Geringeres, als die vornehmsten Priester Jahwehs in Israel? Die Geschichtsforschung kann niemals zur Verkennung der Thatsache fortschreiten, dass Jahweh als der primäre Auftraggeber der Priester in Israel gegolten hat, dass dieselben in der Conservirung und Traditionirung seines Gesetzes ihre selbständige Mission besessen, dass sie zum Theil ihrerseits das Königthum gestützt haben (wie zur Zeit Jojada's), dass aber jedenfalls die Könige, so sehr auch einzelne über ihre politische Sphäre hinausgegriffen haben, nur de secundären Auftraggeber der Priester Israels gewesen sind.

Also müssen ganz deutliche Gründe vorhanden sein, wenn angenommen werden soll, dass ebendasselbe Wort אפוד in Israel

---

verwerpen" sei, bekennt sich jetzt zu ihr (Volksreligion und Weltreligion 1883. S. 82, Anm. 3). — Gegen diese Auffassung z. B. Thenius, Commentar zu 1 Sam. 21, 10 (1864); Ewald, Alterthümer, 3. Aufl. S. 295, Anm. 1; Riehm im Artikel „Ephod" seines Handwörterbuchs; Nowack, Commentar zu Hosea (1880) bei 3, 8; Bertheau, Buch der Richter u. Ruth erklärt (1883), S. 164, der gegenüber Reuss in bemerkenswerther Weise seine Position vertheidigt; — im wesentlichen auch Fr. Wilh. Schultz, Artikel „Ephod" in der Protestant. Realencyclopädie, IV (1879), S. 255.

Die Abbildbarkeit Jahwehs: Ephod.

zugleich ein überzogenes Bild Jahwehs und zugleich das Schulterkleid des Hohenpriesters bezeichnet habe.

Unter den Vertretern der ersteren von den beiden fraglichen Auffassungen des Wortes Ephod fühlte z. B. noch Maybaum (Die Entwickelung des israelitischen Prophetenthums 1883, S. 25) die Schwierigkeit, welche darin liegt, dass das genannte Wort zu gleicher Zeit das Götterbild und das Priesterkleid schon in alter Zeit geheissen haben soll. Aber er glaubt, diese Schwierigkeit beseitigt zu haben, wenn er sich auf S. 267 des Vatke'schen Buches beruft. Vatke schrieb S. 269 [sic], dass innerhalb der Bücher Samuelis, wenn das priesterliche Schulterkleid bezeichnet werden solle, in der Regel Ephod bad = leinenes Schulterkleid (1 Sam. 2, 18; 22, 18; 2 Sam. 6, 14) stehe, einmal aber blos Ephod (1 Sam. 14, 3), wo es der Priester von Silo trage, der die Bundeslade bewache. Aus diesem kürzeren Ausdrucke aber dürfe man auf keinen Unterschied der Form oder des Stoffes des in 1 Sam. 14, 3 gemeinten Ephod schliessen, denn der an dieser Stelle erwähnte Priester habe zu den übrigen in keinem übergeordneten Verhältnis gestanden, und der Vorzug, welchen ihm die Anwesenheit der Bundeslade habe geben können, sei nicht von Dauer gewesen. Es werde auch nicht gesagt, dass an seinem Ephod ein Orakelschild befestigt gewesen sei; vielmehr spreche die Erzählung (1 Sam. 14) dagegen. In diesen Worten Vatke's kann ich aber nur dies als Hauptsache erkennen, dass er selbst constatiren muss, der einfache Ausdruck Ephod werde bei einem Silopriester zur Bezeichnung von dessen Schulterkleid schon in den Samuelisbüchern verwendet.[1]) Auch ist unerfindlich, wie Vatke durch den ganz stark hervorgehobenen Umstand, dass der 1 Sam. 14, 3 erwähnte Silopriester das Ephod getragen habe, die Weglassung des „bad" erklären wollte. Er hätte vielmehr den Umstand betonen müssen, dass das Haupt der Silonischen Priesterschaft, welches Ahia trotz Vatke unstreitig gewesen ist, einfach und ohne Beifügung als Ephodträger bezeichnet wird. Dass ferner dieser Priester der Anordner und Vermittler bei der Gottesbefragung Sauls war, ist von der Erzählung (14, 36ᵇ. 42) gesagt; dass aber neben den Urim und Thummim, von denen auf letzteres sogar im masoretischen Texte durch thamim angespielt wird und welche selbst wahrscheinlich heilige Loose waren, noch andere heilige Loose durch Saul gebraucht worden seien, dies steht nicht in der Erzählung. Endlich kann auch nicht der Punkt der Tradition auf die Seite geschoben werden, dass in denjenigen drei Stellen der Samuelisbücher, an

---

1) Und dieses 14. Capitel von 1 Samuelis gehört mit geringen Ausnahmen, worunter v. 3 nicht ist, auch gemäss den fortgeschrittensten Literarkritikern des A. T. zu den alten Quellen der Samuelisbücher. Vgl. Bleek-Wellhausen, Einl. in d. A. T. § 104; Stade, Gesch. Isr. S. 215—219.

denen „Ephod von Leinwand" steht, der dienende Knabe Samuel (1 Sam. 2, 18), die ganze Schaar der 85 Silopriester (1 Sam. 22, 18) und der Nichtpriester David (2 Sam. 6, 14) als Träger dieses Gewandes genannt sind.

Ein solcher zweifelloser Grund ist aber zunächst nicht die Goldmasse von 1700 Sekeln (Richt. 8, 26). Denn das dem Gideon gefertigte Ephod kann ein ausserordentlich prächtiges gewesen sein; ferner nicht der Umstand, dass dieses Ephod nur aus Goldfäden bestanden haben müsste, denn in der Beute (Richt. 8, 26) wird vielmehr auch Purpur erwähnt; endlich nicht der Gebrauch des Verbs הציג (v. 27), denn eben dieses bedeutet Richt. 6, 37 das Hinlegen des Ziegenfelles auf die Tenne. Ausserdem hatte gemäss dem Context[1]) der fraglichen Notizen das Ephod geradezu den Zweck, dass es die von Gideon abgelehnte Vermittelung der von Jahweh über Israel auszuübenden Herrschaft leiste. Die ständige Vermittelung[2]) der Theokratie war aber nun in Israel Sache des die Urim und Thummim handhabenden Priesters. Demnach ergiebt sich aus diesem Zusammenhang, dass Gideon in seiner Residenz Ophra dasjenige Werkzeug beschaffte, durch welches die Jahwehherrschaft mit Uebergehung der zu Silo weilenden Hohenpriester zum Ausdruck gebracht werden sollte.

Auch bei der Lectüre von Richt. 17. 18 stossen einem Momente auf, wonach der Erzähler das Ephod als Priestergewand verstanden wissen wollte. Denn in 17, 4. 5 scheint mir dies gesagt werden zu sollen: Nicht nur ein Schnitz- und ein Gussbild besass Micha, sondern ein vollständiges, mit allem Zubehör ausgerüstetes Heiligthum besass er, und er besorgte in Folge dessen auch ein priesterliches Schulterkleid und Theraphim und auch einen Priester, welcher das Schulterkleid tragen sollte. Gerade die mehrmalige starke Betonung des Priesters als der Hauptsache, um derentwillen Micha seine und die Daniter ihre Verbindung mit Jahweh gesichert glaubten,[3]) scheint mir den Gedanken des Erzählers auszudrücken, dass das Ephod die zur Ausübung der wichtigsten[4]) Priesterfunction nöthige Sache ist.

---

1) Richt. 8, 23 und v. 24—27.
2) Im Unterschied von der aussergewöhnlichen Vermittelung der Theokratie, welche durch die von Jahweh in einzelnen Geschichtsmomenten berufenen Propheten geschah.
3) Richt. 17, 13; 18, 4. 5. 6. 19. 24. 30.
4) wenigstens im Zusammenhange dieser Geschichte allein erwähnten.

Weswegen würde auch bei Abjathar[1]) der Titel „Priester" hinzugefügt, wenn er bei der Befragung des Ephod nur die Dienstleistung eines gewöhnlichen Handlangers ausgeübt hätte und nicht vielmehr die Person gewesen wäre, welche das Ephod getragen und auf die Fragen Davids durch die mit den Urim und Thummim vorzunehmende Manipulation die Antwort Jahwehs ertheilt hätte?

Ich möchte also in den angeführten Stellen des Buches der Richter und Samuelis nicht vollständig unzweifelhafte Spuren der religionsgeschichtlichen Thatsache finden, dass auch ein Gideon und ein David ihren Jahweh unter einem Bilde angebetet hätten. So muss man schon dann urtheilen, wenn man auch nur die angeführten Stellen betrachtet, noch mehr aber, wenn das angebliche Jahwehbild Gideons „wahrscheinlich die Form eines Stieres, oder eine aus Stier- und Menschengestalt gemischte" Form besessen haben soll.[2]) Denn wenn diese Voraussetzung gelten soll, so fragt man sich erstens, weshalb einerseits bei der Erzählung der wirklichen Stierversinnlichung Jahwehs[3]) nicht der Ausdruck Ephod, und weshalb andererseits bei der gottesdienstlichen Einrichtung Gideons der Hinweis auf Aegypten nicht vorkommt. Man fragt sich aber auch zweitens, inwiefern neben der angeblichen Stieranbetung Davids das Vorgehen Jerobeams als eine auffallende Abirrung von der genuinen Religionsrichtung Israels angesehen wurde. Diese Erwägungen sind aber nicht etwa deswegen überflüssig, weil sie sich gegen eine secundäre Nebenhypothese Vatke's wenden, sondern sie haben noch actuelles Interesse, weil sie zeigen, dass die schon nach dem Texte (Richt. 8, 23—27) prekäre Deutung von Gideons Ephod als eines Jahweh-

---

1) 1 Sam. 23, 9; 30, 7.
2) So urtheilte Vatke S. 268. Dagegen hatte zwar schon Granberg I, S. 418 mit Entschiedenheit gestritten, trotzdem ist aber diese Meinung wieder als „zeer waarschijnlijk" angenommen worden von Kuenen, De Godsdienst I, S. 235. Vatke S. 401 wagte sogar die Behauptung: „Davids Ephod hatte aller Wahrscheinlichkeit nach gleichfalls Stiergestalt". Darnach hätten also wirklich die israelitischen Geschichtsschreiber vergessen, das grosse Verdienst Salomo's zu berichten, dass er die Stierabbildung Jahwehs, welcher noch sein Vater ergeben gewesen wäre, aus Israels Gottesanbetung verdrängt hätte! Gegenüber solchen Vermuthungen blicke man auf die obige III. und IV. Untersuchung zurück!
3) Exod. 32—34; 1 Kön. 12, 28.

bildes auch nach den religionsgeschichtlichen Zusammenhängen schwierig ist.[1])

Es soll aber weiterhin drittens der von Jerobeam I eingerichtete Bilderdienst in der That nur Verschönerung einer älteren Cultusform gewesen sein, die sich bis dahin noch erhalten hatte.[2]) Ebenso sagt allerdings Kuenen[3]), die Meinung, dass im Jerusalemischen Tempel ein Jahwehbild gestanden habe, sei nicht nur unbewiesen, sondern auch sehr unwahrscheinlich, denn an dem Platze, wo es erwartet werde, habe sich die Lade Jahwehs befunden. Trotzdem aber meint er, es habe in diesem Tempel nicht an Symbolen gefehlt, welche an den Stierdienst erinnerten und augenscheinlich mit ihm verwandt seien.[4]) Er behauptet deshalb, dass sich alles vereinige, um uns den Stier als ein einheimisches und ursprüngliches Symbol Jahwehs zu erweisen. Freilich auch noch Duhm[5]) beruft sich zum Erweise des Satzes, dass Jerobeam I „einem alt- und echthebräischen Cultus sich wieder zugewandt hat"[6] darauf, dass „auch im Tempel Salomos das Stiersymbol keine geringe Rolle spielte". Aber jede nüchterne Betrachtung der Geschichte muss in der Thatsache, dass der Tempel Salomos, der aus ganz nichtigen Gründen[7]) zu einem „phönicischen Sonnentempel"[8]) gemacht worden ist, kein Jahweh-

---

1) Vatke betonte es ja selbst (a. a. O. S. 339) als „höchst wichtig, dass kein Jahwehbild in den Tempel Salomos kam".

2) Dies meinte Vatke (a. a. O. S. 399), obgleich er das in der vorigen Anmerkung angegebene Urtheil über den Mangel eines Jahwehbildes im Salomonischen Tempel gefällt hatte.

3) De Godsdienst I, S. 235 f.

4) „So waren an dem grossen Altar, worauf das tägliche Opfer angebrannt wurde, vier Hörner angebracht (1 Kön. 2, 28), und das grosse Wasserbecken, das sogenannte kupferne Meer, ruhte auf zwölf Rindern".

5) Theologie der Proph., S. 47, Anm. 4.

6) „der ebenso wohl dem Jahweh wie dem Molekh, oder wie sonst die Gottheit genannt wurde, gewidmet sein konnte".

7) (Vatke S. 336) Duhm S. 53: „Die beiden Säulen vor dem Eingang, die Bildwerke an den Wänden, die Palmen und Blumen, vor denen man die Mauersteine nicht erblickte, die Granatäpfel an den Säulen fanden sich ebenso in den Tempeln der Phönicier und stellten nicht blos eine Seite des göttlichen Wesens dar, sondern liessen das Wesen Gottes im Naturleben aufgehen".

8) Bereits Vatke hat S. 337 diese Bezeichnung mit gesperrter Schrift drucken lassen, und Duhm S. 52 hat sie als neue Wahrheit betont.

bild enthielt, ein unverwerfliches Zeugnis dafür erkennen, dass der genuine Jahwehcultus keine körperliche Darstellung der Gottheit gekannt hat.

Viertens soll ein Beweis dafür, dass die von Jerobeam I eingeführte Stiersymbolisirung Jahwehs der legale Jahwehcultus Israels gewesen sei, darin liegen, dass die Polemik Ahia's (1 Kön. 14, 9 ff.) nur „Einkleidung der pragmatischen Ansicht einer späteren Zeit" sei, weil ja auch in den „Sagen über Elia und Elisa keine Polemik gegen die Stiersymbolik erwähnt werde".[1]) Indes kann man zwar an der vollen Historicität der den unbekannten judäischen Propheten betreffenden Erzählung (1 Kön. 13) zweifeln[2]); aber als so sehr unzuverlässig können zumal die älteren Geschichtsbücher Israels nicht angesehen werden[3]), dass auch die Berichte über Ahia's Eingreifen in den Geschichtsverlauf als fingirt angesehen werden dürften. Was ferner das durch Vatke urgirte Schweigen Elia's und Elisa's anlangt, so brauchte erstens ihre Polemik gegen die Stiersymbolik gar kein constantes Element ihrer prophetischen Thätigkeit zu sein, zweitens finden wir die beiden Propheten auffallenderweise in der That nicht zu Bethel oder zu Dan thätig, sondern eher zum Horeb wandern[4]), drittens aber hatten sie eine schlimmere Verirrung ihrer Zeitgenossen, als die Anbetung von Jahwehbildern, nämlich den seit Ahab und Isebel drohenden massenhaften Abfall Israels zur Verehrung fremder Götter, zu bekämpfen.

Die Behauptung, dass die wahren Propheten des Zehnstämmereichs den Jahwehbilderdienst als legal betrachtet hätten, wird auch beim Blick auf die ältesten Schriftpropheten eine unmögliche. Denn es wird auch von den Entwickelungstheoretikern

---

1) „Was bei der verhältnissmässigen Reichhaltigkeit dieser Sagen ein auffallender Umstand wäre, wenn jene Polemik ein hervorragendes und constantes Element der prophetischen Thätigkeit gebildet hätte". So Vatke a. a. O. S. 400 f.

2) Eben wegen der Anonymität dieses Propheten und wegen der Nennung des Namens Josia (v. 2).

3) Siehe den Beweis oben S. 18—23!

4) Wenn auch die Vermuthung Hävernick's (Einleitung in d. A. T. II, 2, S. 23) und Oehler's (Theologie des A. T. § 174), dass die treuen Jahwehverehrer des Zehnstämmereichs sich um die Propheten als um einen lebendigen Mittelpunct des Cultus und Ersatz des Tempels geschart haben, nicht genug begründet sein sollte.

nicht zu leugnen versucht,¹) dass Amos²) und Hosea (8, 5; 13, 2) ausdrücklich die Stiersymbolisirung Jahwehs als Abfall von der richtigen Jahwehverehrung, als schuldcontrahirendes Vergehen und daher als Grund des Exils (Amos 7, 11. 17) bezeichnet haben. Wie will man nun die angebliche Differenz, welche zwischen dem einerseits von Elia sowie Elisa und zwischen dem andererseits von Amos etc. gegenüber dem Jahwehbilderdienst beobachteten Verhalten bestehen soll, erklären?³) Man antwortet,⁴) dieses verschiedene Verhalten der Propheten rühre daher, dass im Verlauf der auf Jerobeam I folgenden Jahrhunderte abgöttische Elemente⁵) in den Jerobeamischen Jahwehcultus übergegangen seien, oder dass die Verehrung Jahwehs und der Götzen unbefangen verbunden worden sei. Der Versuch dieser Erklärung, welche ja überdies die fragliche Differenz des prophetischen Verhaltens nicht zur Thatsache machen würde, kann bei unbefangenen Exegeten des A. T. ebenso wenig als gelungen angesehen werden, wie das Streben Erfolg haben kann, erstens neben den Stiersymbolen noch andere Spuren der legalen bildlichen Verehrung Jahwehs und zweitens bei Hosea, Jesaja sowie Micha noch andere Zeugnisse der Naturstufe der israelitischen Religion nachzuweisen.

Nämlich erstens hat man⁶) gemeint, gegen die Mosaicität des Bilderdienstverbotes spreche die Lade mit den Cherubsbildern⁷), weil sich auch an diese Dinge der Volksglaube habe anschliessen können, dass Jahweh für die Sinne darstellbar sei. Kuenen⁸) hat hinzugefügt, dass die Meinung, in der Lade sei Jahweh selbst gegenwärtig, von einer sinnlichen Auffassung des Wesens Jahwehs Zeugnis ablege. Indes és liegt auf der Hand,

---

1) Siehe Vatke S. 401; Kuenen, De Godsdienst I, S. 79 f.; Stade in seiner Zeitschrift für die alttestamentliche Wissenschaft 1883, S. 9 f.
2) 4, 4; 5, 5; 7, 9 ff.; 8, 14.
3) Von seiner Meinung, dass die Propheten seit Samuels Zeit, indem sie sich selbst als Offenbarungsinstrument, dessen Inneres der Gottesgeist erfüllt, betrachteten, von der Verehrung der Jahwehbilder abgelenkt wurden, hat Maybaum (Die Entwickelung des israelitischen Prophetenthums 1883, S. 49) selbst keine (directe) Wirkung abzuleiten gewagt.
4) So Vatke a. a. O. S. 402 f.
5) Wie das Küssen der Stierbilder Hos. 13, 2, vgl. 1 Kön. 19, 18.
6) Vatke a. a. O. S. 233 f.
7) wenn man beide von Mose herleite.
8) De Godsdienst I, S. 232 f.

wie wenig Beweiskraft diese Argumentation beanspruchen kann. Denn erstlich wäre Mose nicht verantwortlich zu machen, wenn spätere Geschlechter die Cherube als Darstellungen Jahwehs angesehen hätten, und diese spätere Volksansicht könnte nicht bezeugen, dass Mose die Abbildung Jahweh's in die religiös-sittliche Grundgesetzgebung Israels aufgenommen habe. Zweitens lässt sich aber auch gar nicht aus dem Glauben Israels, dass Jahweh auf den Cheruben wohne (1 Sam. 4, 4), deduciren, dass Israel die Unsichtbarkeit sowie Unabbildbarkeit seines Gottes verkannt habe.

Ferner führt Kuenen [1]) als solche historische Erscheinungen, welche den mosaischen Ursprung des Bilderdienstverbotes unwahrscheinlich machen sollen, diese auf, dass dieses Verbot den Zusammenhang der zehn Worte zerreisse, dass der Bilderdienst Staatsreligion im Zehnstämmereich war, dass ein Enkel Mose's bei einem Jahwehbilde Priesterdienst verrichtete, endlich dass Mose die eherne Schlange verfertigte. Aber dass die Erweiterungen der decem verba [2]) nicht in ihrer Gesammtheit, ihrem Umfange und ihrer Art von Mose zu stammen brauchen, kann ruhig zugegeben werden. Wenn weiterhin trotz des auch von Kuenen als alt anerkannten Götzendienstverbotes auch ein Salomo andere Götter neben Jahweh verehrte, so konnte auch Jerobeam vom Bilderdienstverbot abfallen. Wenn Aaron dem Wunsche des Volkes, eine Versichtbarung Gottes zu besitzen, willfahrte, so konnte auch ein Enkel Mose's (Richt. 18, 30) in der Noth des Lebens an einem mit Bildern ausgestatteten Heiligthume Stellung nehmen. Wie soll endlich aus der Notiz von der ehernen Schlange (2 Kön. 18, 4) mit Kuenen gefolgert werden können, dass „Mose nicht den Bildern so, wie der Pentateuch es vorstelle, abgewandt gewesen sei", oder wenigstens, dass „das Volk, welches die eherne Schlange zu einem Object der Verehrung machte, von einem so ausdrücklichen Verbote, wie es im Dekalog vorkommt, nichts gewusst habe"? [3]) Wenn doch nun einmal in 2 Kön. 18, 4 nichts weiter ausgesagt ist, als dass die Israeliten der ehernen Schlange räucherten, demnach sie als einen Gegenstand der ehrfurchtsvollen Scheu, nicht aber als Darstellung Jahwehs selbst betrach-

---

1) De Godsdienst 1, S. 283 f.
2) Dieser Name steht Exod. 34, 28; Deut. 4, 13; 10, 4.
3) De Godsdienst 1, S. 284. 285.

teten, und wenn ebendieselbe Stelle zugleich berichtet, dass dieser volksthümliche Nebencultus von der besseren Einsicht des die genuine Tradition repräsentirenden Jesaja und seines frommen Anhängers Hiskia verurtheilt wurde: dann sollte man endlich aufhören, die eherne Schlange als ein Argument aufzuführen, welches gegen die Mosaicität des Bilderdienstverbotes zeuge.

Ein solches Argument ist auch nicht die Verehrung eines Theraphim, wie ihn Micha, wenn auch nicht David selbst besass.[1]) Denn ein solcher Hausgott, welchen man als Vermittler des Wohlstandes der einzelnen Familie dachte, sollte gar nicht Jahweh selbst, sondern eher einen Engel desselben, ein $\pi\nu\varepsilon\tilde{\upsilon}\mu\alpha$ $\lambda\varepsilon\iota\tau\text{o}\upsilon\varrho\gamma\iota\varkappa\acute{\text{o}}\nu$ repräsentiren.

Zweitens komme ich jetzt endlich darauf zu sprechen, dass man ganz neuerdings noch bei Hosea, Jesaja, Micha Spuren der Naturstufe der israelitischen Religion nachweisen zu können geglaubt hat. Während nämlich Vatke[2]), Kuenen[3]) und Duhm[4]) die Reform Hiskia's (2 Kön. 18, 4. 22) sich, wie auf die Jahwehbilder[5]), so auch auf die masseba und die aschera sich erstrecken liessen, hat ganz vor kurzem Stade[6]) in Abrede gestellt, dass die

---

1) Richt. 17, 18; 1 Sam. 19, 13.
2) A. a. O. S. 482, Anm. 3, indem er Jes. 17, 8 vergleicht.
3) De Godsdienst I, S. 86 f. 408 f.
4) Theologie der Proph. S. 195.
5) Dass in Juda bei den Bamoth auch Jahwehbilder sich befanden, suchte Vatke S. 483 auf folgende Weise „höchst wahrscheinlich, ja so gut als gewiss" zu machen. Er sagte: „Juda war voll Götzen (Jes. 2, 8), so mussten auch Jahwehbilder darunter sein; denn Jahweh musste bei der Mehrzahl des Volkes, selbst bei den Götzendienern, für den mächtigsten oder doch einen sehr mächtigen Gott gelten, dessen Schutz man sich doch wenigstens nebenbei verschaffen wollte. Geschah dies nun überhaupt durch Idole, die man als gegenwärtige Götter anbetete, so wäre es unbegreiflich, dass Jahweh nicht in diesen Kreis gezogen, oder vielmehr, dass er nach dem Muster der Tempelsymbolik ganz davon ausgeschieden gewesen wäre". Kuenen, De Godsdienst I, S. 86 hielt es für „zeer mogelijk, ja zelfs waarschijnlijk", dass die Bilder, über deren Gebrauch Jesaja und Micha sich beschweren, zu einem Theil Jahwehbilder gewesen sind. Kuenen lässt also die Berufung auf Jes. 2, 8 weg, und in der That muss behauptet werden, dass Jesaja in dieser Stelle bei den elilim (Nichtseen) durchaus nicht an Jahwehbilder gedacht hat. Es muss aber überhaupt die Annahme, dass Jahwehbilder auch in Juda verehrt worden seien, als eine unbewiesene bezeichnet werden, weil die Propheten nicht gegen falschen Jahwehcultus, sondern gegen Götzendienst kämpfen.
6) In der von ihm redigirten Zeitschrift für die alttestl. Wissenschaft 1883, S. 9—14.

Reform Hiskia's über die Beseitigung der ehernen Schlange und der Jahwehbilder[1]) hinausgegangen sei, weil sie nur die Objecte der prophetischen Polemik betroffen habe, die Propheten aber „an der מַצֵּבָה und an der אֲשֵׁרָה[2]), jenen aus der Verehrung von Naturmalen, dem Steincultus und dem Baumcultus, erwachsenen Einrichtungen des altisraelitischen Cultus, noch keinen Anstoss genommen hätten".

Diese letzte Behauptung ist aber, obgleich sie in Hos. 3, 4 f. eine Begründung zu finden scheinen könnte, sogar schon nach dieser Stelle unrichtig. Denn freilich scheint es, als ob Dinge, welche ihrem Besitzer zum Zwecke seiner Bestrafung entzogen werden sollen, als rechtmässige Besitzthümer desselben anzusehen seien; allein, wenn schon die Logik diese Consequenz nicht verlangt, so wird sie in dem vorliegenden Falle auch noch[3]) durch die näheren Umstände des Textes verboten. Denn unter den dem Zehnstämmereich während seiner Strafzeit vorzuenthaltenden Besitzthümern befindet sich auch dessen gegenwärtiges, aus Rebellion geborenes Königthum[4]), welches der legitimen Dynastie Davids, dieser an sich Jahweh gefälligen Fürstenfamilie[5]), restituirt werden soll. So sehr nun das erste Besitzthum des zur Haft verurtheilten Zehnstämmereich ein unrechtmässiges ist, ebenso sehr müssen, wenn der Gedankenzusammenhang ganz natürlich sein soll, auch die übrigen Besitzthümer es sein. Eben dieser Schluss wird, wie durch das angeführte positive Moment des Textes, so auch durch den negativen Umstand verlangt, dass es nicht heisst, die Bürger des Zehnstämmereichs würden nach dem Exil zu den

---

1) Die auch Stade a. a. O. S. 10 als „nach Jesaja in den Händen vieler Privatpersonen befindlich" voraussetzen zu dürfen glaubt.

2) Hier wird das Wort von Stade in derjenigen Bedeutung gemeint, in welcher es Symbol der Astarte ist; in der andern Bedeutung, in welcher es Synonymum der Astarte ist, hat es Stade schon 1881 in seiner Zeitschrift S. 345 „aus dem semitischen Pantheon entlassen".

3) Ich rectificire damit einen Satz, welcher in den literarkritischen Excurs meines „Offenbarungsbegriff des A. T." II, S. 326 eingeflossen ist, und welcher mir schon damals zweifelhaft war, deshalb auch nur mit einem „überdies" als ein Anhängsel beigefügt wurde. Die dort eingenommene literarhistorische Position hängt aber von diesem Satze nicht ab.

4) Daran hat richtig auch Kuenen (De Godsdienst I, S. 82) erinnert.

5) Sie hat als solche die Gnade Gottes erfahren, auch sie also nicht insofern sie Trägerin des irdischen Königthums Gesammtisraels war. Vgl. darüber die X. Untersuchung!

Bestandtheilen ihres jetzigen Gottesdienstes zurückkehren, sondern einfach gesagt ist, dass sie Jahweh als ihren Gott suchen, zu ihm sowie zu seinem Segen ehrfürchtig hinstreben werden. Das Gesetz des Gegensatzes verlangt sogar, dass die vorher genannten Dinge [1]) von Hosea nicht als Elemente des Cultus Jahwehs geschätzt worden sind. Denn sonst könnte nicht gesagt sein, dass, von den genannten Dingen sich abwendend, die Bürger des Zehnstämmereichs Jahweh suchen werden. Für einen absolut nothwendigen, wirklich wesentlichen Ausdruck der israelitischen Frömmigkeit hat Hosea nach 6, 6 und 9, 4 [2]) die Opfer nicht angesehen. Ferner sind die Masseben auch 10, 1 f. als Bestandtheile des von Hosea verworfenen abgöttischen Cultus genannt Denn die Bürger des Zehnstämmereichs fürchten Jahweh nicht (v. 3), und die Kälber von „Unheilshausen" [3]) sind nicht als Bilder Jahwehs, sondern als Abgötter verstanden.

Wenn ferner Jes. 19, 19 als einzige Stelle im A. T. den Beweis für die Thatsache liefern sollte, dass bei den Altären Jahwehs dem Jahweh Säulen aufgestellt worden seien; so müsste sie ganz deutlich dieses Factum enthalten. Aber während der Altar Jahwehs mitten im Lande Aegypten stehen soll, soll die Säule an der Grenze Aegyptens aufgerichtet sein, um das Land Aegypten als ein dem Jahwehnamen geweihtes Gebiet dem Wanderer anzukündigen. [4]) — Das seiner Thesis entgegenstehende Zeugnis Jes. 17, 8 will Stade dadurch beseitigen, dass er sowohl die Altäre der ersten Vershälfte als auch die Ascheren und Sonnensäulen der zweiten Vershälfte streicht. Als Anlass zu dieser Streichung macht Stade geltend, dass die Altäre ja selbstverständlich das Werk der Menschenhand seien, also diese Bemerkung nicht vom Propheten selbst, sondern nur von einem wortreichen Glossator herstammen könne. Nach meinem Dafürhalten kann aber der fragliche Umstand trotzdem vom Propheten selbst betont werden, wenn dieser die Unnatürlichkeit des Vertrauens geisseln wollte, welches die Israeliten auf die Altäre setzten.

---

1) Opfer, Säule, Schulterkleid und Hausgötze.
2) Darauf, als auf Instanzen, welche nach seiner Ansicht gegen die oben begründete Auslegung sprechen, weist Nowack (Der Prophet Hosea ausgelegt, 1880, S. 48) hin.
3) Wozu „Gotteshausen" geworden ist (Hos. 10, 5).
4) Eine entferntere Parallele sind die Worte „alle die Völker, über welche mein Name genannt ist" (Amos 9, 12).

Ausserdem werde ich davon, Stade beizustimmen, durch den Umstand abgehalten, dass die Beurtheilung der Altäre als einer Glosse desto schwieriger ist, je weniger leicht ein Leser die Altäre als den von Jesaja gemeinten Gegenstand hätte errathen können. — Demnach braucht auch Micha 5, 12 f., welche Stelle gleichfalls der religionsgeschichtlichen Behauptung Stade's widerspricht und gleichfalls von ihm als nachjesajanischer Einschub aus dem Wege geräumt wird, nicht aus einer andern, als der jesajanischen Periode zu stammen.

Aber — so ruft Stade aus — es stand ja noch zu Josia's Zeit eine Aschere im Tempel zu Jerusalem (2 Kön. 23, 6), und — so warnt er — man solle nicht etwa „auf den Einfall verfallen", sie sei unter Manasse im Tempel wieder errichtet worden! Indes dieses heisst, den Geschichtsschreibern des A. T. Gewalt anthun. Denn dieselben haben doch wahrhaftig nicht ohne historischen Anhalt den Hiskia als relativ treuen Jahwehverehrer, den Manasse aber als einen von Jahweh abtrünnigen Fürsten dargestellt (2 Kön. 21, 2 f.).[1]) Also muss die auf Hiskia's Reformation folgende Reaction Manasse's berücksichtigt werden, wenn die Geschichte des judäischen Jahwehcultus gemäss der an ihr selbst auf ihren Wahrheitsgehalt geprüften Ueberlieferung dargestellt und nicht auf schrankenlose Negation aufgebaut werden soll.

Es ist ja auch gar nicht anzunehmen, dass das Deuteronomium seine Forderung, die Säulen und Ascheren der Canaanäer (oder vielmehr der von ihnen sie entlehnenden Israeliten) zu entfernen, ausser Zusammenhang mit dem Zuge seiner Entstehungszeit, des siebenten Jahrhunderts, ausgesprochen hat. Im Gegentheil ist es viel wahrscheinlicher, dass die Ideale, welche zur Reinigung des Jahwehcultus schon seit dem achten Jahrhundert in den Predigten der Propheten eine immer deutlichere Zeichnung und durch Hiskia bereits eine partielle Realisirung gefunden

---

1) Eine Beurtheilung des A. T., welche solche Schranken vernachlässigt, zerstört selbst sich ihren Erfolg. Sie kann ebenso wenig acceptirt werden, wie die chronologische Theorie Krey's, Wellhausen's, Stade's. In Bezug auf die Chronologie der israelitischen Königszeit ist dies von mir in meinen „Beiträgen zur Biblischen Chronologie" (Zeitschrift für kirchliche Wissenschaft u. kirchl. Leben 1883, S. 456—458) und von Kamphausen (Die Chronologie der hebräischen Könige, Bonn 1883) zu gleicher Zeit nachgewiesen worden.

hatten, durch den Verfasser des Deuteronomium als zur Herstellung der rein mosaischen Form des Jahwehcultus nothwendige Ausgestaltung mosaischer Principien an Mose's Namen angeknüpft wurden.

Also auch bei der Beantwortung dieser Frage hat die Exegese gezeigt, dass nur dasjenige als Abweichung von der prophetischen und zugleich von der mosaischen Gottesanschauung zu betrachten ist, was im A. T. selbst so beurtheilt wird.[1]

IX. Gab es im Jahwismus eine Entwickelung hinsichtlich des moralischen Characters Jahwehs?

Es klang wie Ironie, wenn Daumer[2] und Ghillany[3] in einem besondern Capitel „die moralische Seite Jahwehs" behandelten. Denn sie meinten vielmehr die Immoralität des alttestamentlichen Gottes.[4] Wir brauchen aber die Beweise der beiden genannten Gelehrten nicht im einzelnen vorzuführen und zu widerlegen, da das alttestamentliche Material, welches jene Beurtheilung des israelitischen Gottes zu rechtfertigen wenigstens scheint, auch bei den gemässigten Entwickelungstheoretikern gefunden wird. Denn diese haben die in Ghillany's Worten enthaltene Kritik des altisraelitischen Gottes in dem Urtheil aufrecht erhalten, dass der vorprophetische Jahweh Israels nach der Norm (wenn auch nicht der Laune oder Willkür so doch) der Gewalt verfahren sei, dass derselbe nach dem Maassstab der äusserlichen Grösse gehandelt habe, dass er als physischer Lebensquell auch von seinen Creaturen den Verzicht auf das Leben oder wenigstens auf das körperliche Wohlbefinden gefordert, dass „vielfach die Macht Jahwehs oder seine Pflicht sie zu offenbaren die Forderungen der Gerech-

---

[1] Heilige Berge, Bäume (vgl. als neue Kunde darüber Guthe's Mittheilung in seinen Noten zu „Palästina in Bild und Wort", I, S. 504; II, S. 449) und Steine sollten, so weit sie überhaupt in der nachmosaischen Zeit auftreten, gar nicht die Geistigkeit Jahwehs verletzen.

[2] A. a. O. S. 4—18.

[3] A. a. O. S. 373—429.

[4] Beginnt doch Ghillany (S. 373) mit dem Satze: „Die hervorstechendste Eigenschaft des israelitischen Gottes ist ein fürchterliches, zornschnaubendes Wesen; auch noch in dem Geiste der nachexilischen Reformatoren. Der vorexilische Jahweh hatte wahrscheinlich auch eine mildere, geschlechtliche Seite; davon aber sind uns nur dunkle Spuren gelassen".

tigkeit überstimmt", dass „die Macht unter seinen Eigenschaften die centrale Stelle eingenommen" habe.[1])

Die Beweise, welche auch noch Kuenen zur Begründung der angegebenen Behauptungen verwendet, sind folgende.

Erstens ist immer[2]) die Meinung ausgesprochen worden, dass sich sogar aus der prophetischen Polemik das Menschenopfer als eine im volksthümlichen Jahwehcultus vorkommende Handlung nachweisen lasse; da Micha seine Worte[3]) „nicht willkürlich gemacht, oder aus einer andern Form des Naturdienstes entlehnt haben" und da nach seinen Worten „der Vollzug eines Menschenopfers in seinen Tagen nicht als ungereimt angesehen worden sein könne". Die genannte Prophetenstelle muss aber folgendermaassen beurtheilt werden. Sogar wenn der Prophet die Meinung gewisser Kreise Israels, dass sie durch Kinderopfer Jahweh versöhnen könnten, hätte bekämpfen wollen: so wäre jene Meinung durch den Propheten als eine solche bezeichnet worden, die den von Jahweh (durch Mose v. 4) gegebenen Forderungen (v. 8) zuwiderlaufe. Diese Meinung würde demnach nicht als Element der legitimen, der von Mose her datirten Religion Israels hingestellt sein. Aber es ist nicht einmal anzunehmen, dass Micha der Meinung irgendwelcher Israeliten, dass dem Jahweh Menschenopfer dargebracht werden dürften und müssten, habe entgegentreten wollen. Vielmehr weil unmittelbar vorher (v. 5) an den Moabiterkönig erinnert worden ist, so liegt die Exegese nicht fern, dass Micha seine Zeitgenossen an jene schwere Thatsache der Volksüberlieferung[4]) erinnern wollte, dass nämlich der Moabiterkönig seinen Erstgeborenen[5]) geopfert und nach (wenn auch nicht wegen) dieser That das Heer Israels eine Niederlage erlitten hat.[6]) — Dass Hosea (13, 2) Menschenopfer den Stierver-

---

1) So Kuenen, De Godsdienst I, S. 221. 233. 236—241; Volksreligion und Weltreligion, S. 116. 119.
2) Nicht blos bei Daumer a. a. O. S. 51, sondern auch bei Vatke a. a. O. S. 276 und bei Kuenen, De Godsdienst I, S. 221. 236 und wieder bei Maybaum, Die Entwickelung des israelit. Prophetenthums 1883, S. 99.
3) Micha 6, 7: „Soll ich meinen Erstgeborenen hingeben als Sühnmittel für meinen Abfall, meine Leibesfrucht als Sühnmittel für mein Vergehen?"
4) Siehe darüber 2 Kön. 3, 27.
5) Also gerade so, wie Micha (6, 7) sagt.
6) So auch z. B. Hitzig-Steiner, Die kleinen Propheten erklärt (1880), z. St.; Kleinert in Lange's Bibelwerk (1868), z. St.

ehrern des Zehnstämmereichs wenn auch nur als stärkste Abirrung vom genuinen Jahwehcultus vorwerfe [1]), kann ich nicht annehmen, weil auf der ausführlich beschriebenen bildlichen Verehrung Jahwehs, folglich auch auf dem Küssen der Kälber der ganze und einzige Accent der Prophetenrede liegt, also nicht auf dem Hinopfern von Menschen. Man braucht, um sich gegen die von Kuenen gebilligte Auslegung der Hoseastelle zu erklären, also gar nicht einmal darauf zu recurriren, dass eine so greuelhafte Erscheinung, als welche die Menschenopfer an sich und nicht etwa blos deren falsche Adresse im A. T. auftreten, von Hosea nicht als selbstverständliches Element der Jahwehverehrung erwähnt sein könnte. Die in der fraglichen Hoseastelle vorkommende Ausdrucksweise זבחי אדם hat nach meiner Ansicht den Zweck, das verallgemeinerte Relativum darzustellen. Die Stelle scheint deshalb so umschrieben werden zu müssen: Jeder der zum Opfer, zum Vollzug des Cultus, zur Bethätigung seiner Jahwehverehrung kommt, der betheiligt sich auch am Küssen der Stierbilder.

Zweitens kann ich mich auch nicht davon überzeugen, dass in Richt. 11, 31—40 die wirkliche Opferung, also die Schlachtung und Verbrennung [2]) der Tochter Jephthah's erzählt werden soll. Denn mag doch der Wortlaut des Gelübdes selbst (v. 31) diese Auffassung zu verlangen scheinen, so muss doch der factische Sinn dieses Gelübdes durch die Art seiner Erfüllung bestimmt werden. Nun ist nicht erzählt, dass die Tochter Jephthah's ihr Leben, sondern das ist erzählt, dass sie ihre Jungfrauschaft beweinte, und der Schluss des Berichtes „und sie erkannte keinen Mann" scheint mir nicht die Jungfräulichkeit des Mädchens betheuern zu wollen, sondern die Auffassung zu fordern, dass die

---

1) Kuenen, De Godsdienst I, S. 180 f.

2) Dies wird zwar, wie von den Entwickelungstheoretikern (z. B. Vatke S. 275 f.; Kuenen, De Godsdienst I, S. 237), so auch von den meisten andern Theologen angenommen z. B. von Diestel in Riehm's Handwörterbuch S. 671; Herm. Schultz, Alttestl. Theol. S. 118; Oehler, Alttestl. Theol. § 159; Bertheau, das Buch der Richter erklärt, 1883, S. 193 198. Aber die mir richtig scheinende Auffassung hat auch noch neuerdings ihre Vertreter gehabt, z. B. Köhler, Lehrbuch der Bibl. Geschichte II (1877), S. 102; Cassel im Artikel „Jephta" in der Protest. Realencycl. VI (1879), S. 513.

Opferung des Mädchens in dessen Weihung zum ehelosen Jahwehdienste ¹) bestanden hat. ²)

Drittens liegt im A. T. überhaupt nicht die Meinung vor, dass, und wäre es auch nur in Abirrung von der legitimen Religion geschehen, dem Jahweh, d. h. sozusagen zu dessen eigener Befriedigung, zu dessen Stimmungsänderung Menschen geopfert worden wären. Es kann nicht eingesehen werden, wie man ³), um den so eben abgelehnten Satz zu erweisen, sich auf Jer. 19, 5 ⁴) berufen kann. Denn dort steht ja gerade, dass die Kinderopfer nur für den Baal eine Darbringung waren. Es ist daher von höchster religionsgeschichtlicher Bedeutung, dass die einzige Stelle, worin zu einem Menschenopfer der Name Jahweh im Dativ des Interesses gefügt ist, im Munde der Gibeoniten vorkommt (2 Sam. 21, 6), während schon in dem über die Ausführung der von den Gibeoniten ausgesprochenen Absicht gegebenen Bericht der israelitische Erzähler den gewöhnlichen Ausdruck „vor Jahweh" anwendet (v. 9), welcher z. B. auch 1 Sam. 15, 33 steht. Die Folgerung, welche man ⁵) aus dieser Formel gezogen hat, dass nämlich an den Stellen ihres Gebrauches von einem Opfern die Rede sei, ist demnach unrichtig. Nein, trotz des „vor Jahweh", oder vielmehr gerade deswegen weil es (und nicht der Dativ) gebraucht ist, wurde Agag nicht als Opfer dargebracht: seine Tötung hatte nur eine negative Beziehung zu Jahweh, oder mit andern Worten, in seiner Tötung gab sich nur die negative Seite der aus Israels Erwählung fliessenden Beziehung Israels zu anderen

---

1) Siehe 1 Sam. 2, 22; Exod. 38, 8; vgl. auch die männlichen „Gegebenen" Num. 31, 28. 30 etc.

2) Das über diesen einzelnen Punct von mir abgegebene Urtheil ist allerdings innerhalb der ganzen Untersuchung des vorliegenden Buches eine Nebensache, da ja jedenfalls Bertheau a. a. O. S. 198 richtig das Gelübde Jephthah's als ein vom Berichterstatter selbst für „ausserordentlich" erklärtes Ereignis bezeichnet, da also auch nach der Anschauung des alttestl. Erzählers dieses Gelübde über die Norm der altisraelitischen Religionsanschauung hinausging. Aber ich wollte doch nicht verschweigen, welche Exegese mir der Text zu fordern scheint.

3) Sogar Diestel in Riehms Handwörterbuch S. 671.

4) „Und sie [eure Väter] bauten die Höhen des Baal, um ihre Kinder mit Feuer zu verbrennen als Brandopfer dem Baal, was ich nicht befohlen und nicht geredet habe und mir nicht in den Sinn gekommen ist".

5) Wie Dammer a. a. O. S, 26 f. 29, Anmerkung, so auch Kuenen, De Godsdienst I, S. 237 und sogar Herm. Schultz, Alttestl. Theol. S. 152.

Menschen kund, nämlich der Hass gegen alle Feinde Jahwehs und seines Volkes; jedoch in den Opfern gab sich [1]) die positive Seite dieser Erwählung Israels kund, nämlich die Hinneigung Israels zu Jahwehs Gedanken und Absichten. Also hat die israelitische Tradition das richtige religionsgeschichtliche Bewusstsein bewahrt [2]), wenn sie bereits dem ersten Vertreter der religiösen Eigenart Israels das Hinwegschreiten über die rohere Stufe des Cultus, das Menschenopfer, zugeschrieben hat (Gen. 22). Oder muss nicht eben diese Geschichte im Gegentheil beweisen, dass vom Erzähler dieser Geschichte Menschenopfer als wenigstens möglicherweise „in der Sphäre des Jahwehdienstes liegend", oder als „mögliche Forderung" [3]) Jahwehs gedacht wurden? Nein, mit den beiden citirten Urtheilen geht man über das vom A. T. selbst durch dessen Beschaffenheit zugelassene oder gebotene Maass der Kritik seiner Thatsachen hinaus. Denn wie könnte man behaupten, dass alles, was als eine von Jahweh verabscheute oder verbotene Sache eingeführt wird, als ein in den älteren Entwickelungsstufen seines eigenen Cultus oder der Lebensart Israels factisch vorhanden gewesenes Moment betrachtet werden müsse, dessen Untertauchen im Strom des Fortschrittes erstrebt worden sei? Werden denn nicht die meisten der dem Jahweh missfälligen Erscheinungen als den fremden Göttern gefällige und bei fremden Völkern vorkommende ausdrücklich bezeichnet? Ist denn nun nicht ausdrücklich gesagt, dass, abtrünnig werdend von Jahweh, die Israeliten dem Baal, oder dem Molekh, oder den fremdnationalen Göttern überhaupt ihre Kindesopfer dargebracht haben? [4]) Der soeben genannte Umstand, dass als ausdrückliche Adresse der Menschenopfer fremde Götter genannt sind, dass demnach über das Ziel der in Israel vorkommenden Menschenopfer eine positive Aussage im A. T. vorliegt, ist das stärkste Hindernis, dass in der Darstellung der Religions-

---

1) oder sollte sich geben.
2) Dieses Urtheil, dass die alttestl. Geschichtsschreiber das Alter der theologischen Grundanschauungen Israels richtig bezeugt haben, ist also auch hier wieder durch specielle Beweise, nicht blos durch die allgemeinen Gründe (oben S. 18 ff.) gestützt.
3) So. z. B. Vatke a. a O. S. 276; Kuenen, De Godsdienst I, S. 237.
4) Dem Baal nach Jer. 19, 5; 2 Kön. 21, 3—6; — dem Molekh nach Jer. 32, 35; 2 Kön. 23, 10; — den fremden Götzen überhaupt nach Hes. 16, 20 (lahém), 23, 37 (ihren Klötzen); 2 Kön. 16, 3.

geschichte das Urtheil den Sieg erlange, Menschenopfer seien in Israel als mit dem Character Jahwehs vereinbar angesehen worden. Die Unzulässigkeit dieses Urtheils erhellt noch deutlicher, wenn die Frage aufgeworfen wird: Wie wäre es möglich gewesen, dass Israel von Jahweh zu Molekh abfiel, dass seit der Erbauung von Molekhaltären (1 Kön. 11, 7) eine neue Phase des israelitischen Religionswesens datirt wurde, wenn die Kinderopfer für mit dem Character des legitimen Gottes Israels vereinbar gegolten hätten und bis zum Beginn dieser neuen Phase dem eigenen Gotte Israels geweiht worden wären?

Diese reine Unmöglichkeit wird nicht durch Hes. 20, 25 f. zur Möglichkeit gemacht. Denn ich bin überzeugt, dass ich den Quälereien, zu welchen diese Stelle Anlass gegeben hat[1]), ein Ende machen kann; weil ich behaupten zu können glaube, dass Hesekiel gar nicht daran gedacht hat, dass seine Worte auf Menschenopfer bezogen werden könnten. Nämlich dass er an Darbringung der menschlichen Erstgeburt nicht gedacht hat, zeigt der Prophet erstens durch das negative Moment, dass auch gemäss ihm Kinderopfer nur den Scheusalen und Klötzen (v. 31) dargebracht wurden, Jahweh aber doch wenigstens keine Anweisung der Israeliten, andern Göttern neben ihm zu dienen, zugeschrieben werden soll.[2]) Welche falsche Darbringung der Erstgeburt er aber nun gemeint hat, dies wird durch ein in v. 26 selbst enthaltenes positives Moment gezeigt, nämlich durch die Anwendung des Verbs „und ich liess sie unrein werden". Denn es ist eine Thatsache,[3]) dass gerade bei Hesekiel das Interesse für die religiös-ästhetische Reinheit zu einem bei keinem früheren alttestamentlichen Schriftsteller bemerkbaren vollen Ausdruck gelangt ist. Daher scheint die einzige[4]) noch vorhandene Möglichkeit auch noch durch die

---

1) Vgl. z. B. Kurtz, Geschichte des Alten Bundes II, S. 419—421.

2) Man darf also nicht mit Smend (Der Prophet Ezechiel erklärt 1880, z. St.) den Propheten der Meinung sein lassen, dass das Opfer des erstgeborenen Kindes in Israel altherkömmlich sei. Diese Meinung hat vielmehr erst die verläumderische Fama des auf die religionsgeschichtliche Sonderstellung Israels neidischen Heidenthums gehegt. vgl. Josephus contra Apionem 2, 7. S.

3) Vgl. über dieselbe und über ihren Ursprung meine Nachweise in meinem Artikel „Reinigungen" in der Protestantischen Realencycl. XII (1883), S. 618—637.

4) weil nach dem bereits angegebenen negativen Argument an Menschenopfer für den legitimen Gott Israels nicht gedacht werden kann.

Wahl des Verbum angedeutet zu sein, nämlich dass Israel bei der Darbringung der Erstgeburt sich durch Vernachlässigung der zwischen den reinen und den unreinen Thieren bestehenden Schranken versündigte.[1])

Aber giebt es nicht indirecte Zeugnisse dafür, dass in Israel wenigstens bis zu Mose's Zeit die Opferung der erstgeborenen Söhne üblich war? Ist nicht die Erzählung, dass wegen des schonenden Vorübergangs (Pesach) des die ägyptische Erstgeburt vernichtenden Engels die Erstgeborenen Israels dem ausschliesslichen Jahwehdienst geweiht waren und nach der Ersetzung durch die Leviten von diesem Dienst losgekauft werden mussten, nur eine falsche Erklärung der von uraltersher bestehenden Rechtsgewohnheit, dass die Erstgeborenen speciell auch die Diener des Nationalgottes sein mussten? Indes die Vorstellung, dass die wirklich zu Grunde liegende Thatsache die durch Mose bewirkte Abschaffung der Kinderopfer zwar gewesen, aber in der Tradition Israels verschwiegen worden sei,[2]) und dass zur Motivirung dieser im Volksbewusstsein unterdrückten Thatsache die Sage von der Verschonung der israelitischen Erstgeburt erfunden worden sei, dass demnach der Anlass dieser Fiction in der Tradition unterge-

---

1) Es ist eine ähnliche Klage, wie Hos. 9, 4; Mal. 1, 12—14. — Hierher gehört nicht direct und soll deshalb nur anmerkungsweise die Frage beantwortet werden, welche Satzungen Jahwehs Hesekiel als nicht gute bezeichnet hat. Da nicht Kinderopfer, welche fälschlich dem Jahweh dargebracht worden wären, gemeint sind, so ist nicht an die Stelle des Bundesbuches „den Erstling deiner Söhne sollst du mir geben" (Exod. 22, 28), sondern nur an „heilige mir alle Erstgeburt etc." (Exod. 13, 2) gedacht. Diese Satzung ist eine „nicht gute" genannt, weil sie in ihrem Wortlaute keinen Unterschied zwischen den reinen und den unreinen Thieren mache und daher die Israeliten veranlasse, auch unreine Erstgeburt ihrem Gotte zu weihen. Der Prophet meint, durch solche allgemein lautende Satzungen habe Jahweh sein Volk auf die Probe gestellt, ob es im Gefühl der Ehrfurcht selbst auf den Gedanken käme, dass dem heiligen Gotte nur die Erstgeburt der reinen Thiere direct, die der unreinen Thiere aber nur indirect d. h. durch Auslösung, als Aequivalent dargeboten werden dürfe.

Zwischen dieser Hesekielischen Auffassung der von Jahweh mit jenem allgemeinen Wortlaut (Exod. 13, 2) verbundenen Absicht und zwischen der Jeremianischen Aussage (Jer. 7, 31; 19, 5), dass Jahweh nicht in Bezug auf seine eigene Verehrung Kindesopfer, wie sie von Israel dem Baal geweiht wurden, befohlen habe, ist demnach kein solcher Widerspruch, wie Smend (zur Hesekielstelle) meint.

2) So Vatke a. a. O. S. 195. 489; Kuenen, De Godsdienst I, 239.

taucht, die Fiction selbst aber geblieben. — diese Vorstellung ist mir zu künstlich. Ich halte es nicht für möglich, so weit an der Richtigkeit der israelitischen Tradition zu zweifeln, dass nicht ein wirklicher Anlass der Erzählung, alle Erstgeburt der Aegypter sei getötet worden, übrig bliebe. Ich halte es für nothwendig, wenigstens anzunehmen, dass der erstgeborene Sohn des ägyptischen Königs durch eine plötzliche Krankheit hinweggerafft wurde, und dass dieser Schlag als letztes Glied in der Kette von Unfällen, welche in der Zeit der von Mose betriebenen Fortwanderung Israels die Aegypter betrafen, der ägyptischen Regierung die momentane Bewilligung des Auszugs der Israeliten abnöthigte.

Endlich soll die Beschneidung ein Aequivalent der Kindesopfer gewesen sein.[1]) Es kann aber diese Ansicht nicht einmal aus Exod. 4, 24—26 begründet werden. Denn wenn gemäss der Erzählung Zippora diese Auffassung der Beschneidung gehabt hätte, so wäre sie über deren Anwendung nicht ärgerlich, sondern fröhlich gewesen. In der angeführten Exodusstelle kann also die Beschneidung nicht als Ersatz einer schlimmeren Sitte, sondern kann nur als eine für sich selbst bestehende Sache aufgefasst sein, welche ihren eigenen Zweck[2]) hatte und welche der Zippora, wie den Müttern überhaupt, als eine gefährliche[3]) Observanz erschien. Es hat sich mir demnach ergeben, dass diejenige Auffassung der genannten Exodusstelle, welche sie in ihrem jetzigen Zusammenhang haben soll[4]) und welche demnach als Meinung der israelitischen Tradition anzusehen ist, auch nach dem Wortlaut der Stelle selbst die richtige ist.

Aber sogar wenn der Satz, dass das vormosaische Israel die Kindesopfer für gottgefällig ansah, anzuerkennen wäre, sogar wenn Abraham im grössten Theil seines Lebens dieselben für mit dem Character seines Gottes vereinbar angesehen hätte: so würde daraus nicht dasjenige folgen, was die Entwickelungstheoretiker

---

1) Kuenen. De Godsdienst I. S. 238.
2) Nämlich den, die pars potior (die Männer) des Erwählungsvolkes und dadurch das ganze Volk als ein gottgeweihtes (priesterliches) zu bezeichnen. Damit erledigt sich auch die Bemerkung Kuenen's (a. a. O.), dass die Beschneidung bei andern Völkern nur von den Priestern vollzogen wurde.
3) Vgl. Palmer, Der Schauplatz der Wüstenwanderung (1876, S. 74.
4) Dies sieht auch Dillmann (Exodus und Leviticus erklärt 1880, z. St.) als sehr wahrscheinlich an.

daraus folgerten, nämlich der wesentlich andere, der aussermoralische, naturhafte, physikalische Character auch nur des Gottes der Patriarchen. Es folgt vielmehr aus der Idee der Kindesopfer nur die Thatsache, dass die frühere Menschheit eine falsche Vorstellung von dem Grad und der Art hegte, in welchem die schuldige und sühnbedürftige Menschheit ihrem Gott sich weihen muss, sowie von der Befähigung gewöhnlicher Menschen, durch ihre Selbstaufopferung das heilige Gotteswesen zu versöhnen.[1] Es muss als durchaus unbegründet bezeichnet werden, dass Israel „allmählich angefangen habe, für die Gestalt des gewaltigen Wüstengottes Jahweh verschiedene Züge von dem wohlthätigen Baal zu entlehnen, und dass dadurch die Vorstellung des ersteren unmerklich eine mildere geworden sei".[2] Da das Bewusstsein von der Verschiedenheit des israelitischen Volksgottes und des canaanitischen Gottes in allen Schichten der alttestamentlichen Tradition sich lebendig zeigt, so darf nicht angenommen werden, dass der Begriff Jahwehs mit Merkmalen des canaanitischen Gottes versetzt worden sei.

Ich muss es aber nicht nur als eine ungreifbare Unterscheidung bezeichnen, wenn „sittliche Eigenschaften zwar dem Jahweh auch vom Volke, ein sittlicher Character aber dem Jahweh erst von den kanonischen Propheten zuerkannt worden sein soll";[3] sondern ich muss mich auch gegen denjenigen Begriff von Jahwehs Heiligkeit erklären, welcher hauptsächlich bei der in den vorliegenden Untersuchungen beleuchteten Richtung der alttestamentlichen Theologie gefunden wird.

c) Es wird freilich das alte unrichtige Extrem nicht wirklich vermieden, wenn Delitzsch[4] sagt: „Gott ist heilig als der, welcher von jederlei physischem und ethischem Mangel frei ist; er heisst nicht so als der himmlische, als der überweltlich erhabene, als

---

[1] Dieser letztere Satz musste deshalb hinzugefügt werden, weil, wie vom vulgären Rationalismus, so auch von Entwickelungstheoretikern die angeblichen Menschenopfer des alttestamentlichen Jahwismus benützt worden sind, um als die Wirkung eines unwürdigen Gottesbegriffes der Juden die Aufopferung des Gottmenschen hinzustellen, welche doch zur Wahrung der Gerechtigkeitsidee nöthig war (Röm. 3, 25 f.) und von der verkörperten Heiligkeit (Joh. 3, 19 geleistet werden konnte (Ps. 49, 8 f.)

[2] So Tiele, Compendium 1880, § 54.

[3] So Kuenen, Volksreligion u. Weltreligion, S. 115.

[4] Artikel „Heiligkeit" in der Protestant. Realencyclopädie, V. S. 715.

der herrliche, unnahbare, unvergleichliche, das sind Radien des
Begriffs, nicht sein Centrum". Denn wenn Delitzsch auch behaupten kann, dass sogar Exod. 15, 6. 11; Jos. 24. 19; 1 Sam.
2, 2; 6, 20 die ethische Färbung der Heiligkeit nicht vermisst
werde, so wird doch das Zugeständnis, dass קדש zunächst „Welterhabenheit" bedeutet, durch das Zugeständnis involvirt, welches
er[1]) S. 714 der durch Graf Baudissin[2]) wieder vertheidigten
Etymologie des קדש gemacht hat. Denn wenn קדש nicht[3]) von
חדש „licht sein" herkommt, sondern nach seiner Wurzel קד „Abgesondertheit" bedeutet: so muss derselben eine ganz allgemeine
Ausdehnung verliehen werden, muss sie als Abgesondertheit Gottes
von allem Aussergöttlichen gefasst werden, muss also die Heiligkeit Gottes zunächst „Welterhabenheit" sein, welche dann die
moralische (und ästhetische) Vollkommenheit als wichtigstes Moment in sich schliesst. Auch wenn Delitzsch die physische Mangellosigkeit als einen Factor der Heiligkeit betont, so liegt darin
eine Vermischung der Heiligkeit Gottes mit dessen Lebendigkeit
und Allmacht, und zwar ist diese Aufstellung jedenfalls eine
Nachwirkung von Diestels Abhandlung[4]), weil derselbe die Heiligkeit als „Normalität des Lebens" definirt hatte.

β) Die richtige Fassung des Heiligkeitsbegriffes liegt in Folgendem. — Nämlich auch Graf Baudissin hat nach Aufstellung
der richtigen Etymologie des קדש aus dem Sprachgebrauch der
Israeliten[5]) zu viel gefolgert. Er durfte vielmehr nur dasjenige
daraus folgern, wozu ihn auch seine vorher angegebene Beobachtung, dass mit den Ableitungen von קדש sich immer die Vorstellung des Reinen verbinde, anleitete. Nämlich wenn in einer

---

1) von seiner früheren Ansicht zurücktretend.
2) Studien zur Semitischen Religionsgeschichte, II (1878), S. 1—142:
Der Begriff der Heiligkeit im A. T.
3) wie Delitzsch früher annahm.
4) „Die Heiligkeit Gottes" in den Jahrbüchern für Deutsche Theologie
1859, S. 3—43.
5) A. a. O. S. 23: Dass in der That nicht die Bedeutung des „rein
sein", sondern die allgemeinere „abgetrennt sein" für קדש anzunehmen ist,
lässt sich aus dem Sprachgebrauch vermuthen, insofern zwischen קדש
und טמא unterschieden und als Gegensatz von jenem das חל d. h. das dem
allgemeinen Gebrauche Offenstehende, als Gegensatz von טמא aber das
טהר d. h. das Schmutzige, Unreine verwendet wird (Amos 2, 7; 1 Sam.
21, 5 f.; Hes. 22, 26; 42, 20; 44, 23; Lev. 10, 10).

Sprache zwei Wörter, wie קדוש (heilig) und טהור (rein), als Gegensätze auftreten, so braucht doch kein absoluter, sondern nur ein relativer Unterschied zwischen ihnen zu sein. Deutlicher lässt sich dies so ausdrücken: Zwei Begriffe können einander entgegengesetzt sein, nicht weil ihr ganzer Inhalt von einander abweicht, sondern weil der Inhalt des einen reicher, als der des andern ist. Was nun so die logische Entwickelung sagt, das wird durch die Thatsache bestätigt, nämlich dass der Inhalt des קדוש sowohl das Merkmal der absoluten Abgesondertheit als auch das der Reinheit in sich schliesst, der Inhalt des טהור aber blos das letztgenannte Merkmal. Wenn also die Heiligkeit Gottes auch zunächst nur Abgesondertheit von allem andern, demnach Welterhabenheit, ist, so doch ganz besonders auch Erhabenheit über das moralisch Verwerfliche, einfach weil für den religiösen Menschen das Ungöttliche auch das Unsittliche, für den unverbildeten Menschen die Sittlichkeit der ausschlaggebende Factor bei der Constituirung der Vollkommenheit freier Wesen ist. Bei Gott ist also die Heiligkeit seine auf moralische und ästhetische Vollkommenheit gegründete Selbstangehörigkeit. Und wenn auch die menschliche Heiligkeit zunächst nur Gottangehörigkeit bezeichnet, so schliesst doch eben diese die bewusste und beabsichtigte Uebertretung des Gottesgesetzes aus. Beim Menschen ist also die Heiligkeit seine Gottangehörigkeit auf Grund seiner durch Gottes Erwählung gestifteten objectiven und seiner zu erstrebenden subjectiven moralischen etc. Tadellosigkeit.

γ) Quelle der neueren extremen Bestimmung des Begriffes „Heiligkeit". — Nur wenn man die Heiligkeit von ihren unfreien Trägern aus betrachtet, kann der Schein entstehen, als wenn „Heiligkeit" ein moralisch indifferenter Begriff wäre. Da nun Graf Baudissin von den heiligen Gegenständen aus den alttestamentlichen Begriff der Heiligkeit untersucht hat, so ist er der so eben angedeuteten Gefahr nicht ganz entgangen. Denn allerdings sagt er a. a. O. S. 131: „Die beiden Bedeutungen von קדוש, nämlich 1) erhaben" sive „himmlisch" und 2) „rein" liegen nicht weit aus einander und vielleicht hat niemals das scheinbar Primäre für sich allein existirt". Trotzdem aber meint er S. 132, dass die Heiligkeit des in 2 Sam. 24, 1 genannten Gottes nicht Sündlosigkeit bedeutet haben könne. Indes dort heisst es „Und der Zorn Jahwehs fuhr fort, gegen Israel zu erglühen, und er reizte David gegen dasselbe, es zu zählen etc." Also ist nicht von Jahweh selbst etwas Sündhaftes, sondern vielmehr von seinem Zorn eine Strafconsequenz (ein Uebel) abgeleitet. Demnach verhindert diese Stelle nicht, dass bei ihrem Verfasser die Heiligkeit Gottes dessen Sündlosigkeit als ihr wichtigstes Moment involvirt habe. Ebenso ist beim Deuterojesaja, welcher die Heiligkeit Gottes sehr hervorhebt[1]), doch Jahweh (45, 7) der Urheber, wie des Guten, so auch des Schlimmen, nämlich des Letzteren als einer Strafe oder auch als eines Läuterungsmittels der Menschen.

Noch mehr unbewiesen ist und noch mehr streitet mit dem A. T. das Urtheil von Herrn. Schultz[2]): „Die Heiligkeit war zunächst die verzehrende Herrlichkeit, also kein sittlicher Begriff, sondern ein sinnlicher. Die Creatur als solche musste vergehen". Dies ist schon von vorn herein eine Vermischung des göttlichen kabod und des göttlichen qodesch, während doch schon die Zweiheit der Wörter auf die Doppeltheit der Begriffe hinweist. Dies ist aber auch eine sehr folgenreiche Verkennung des ethischen Geistes[3]) des A. T., nach welchem doch das Creatürliche als solches „sehr gut" nach Gottes Urtheil war (Gen. 1, 31) und erst durch des Menschen Ungehorsam missfällig wurde. Wenn aber nun gemäss dem A. T. das Gebilde des Menschenherzens böse ist von Jugend auf (Gen. 8, 21): an welcher Stelle des A. T. stehen dem Eifer des heiligen Jahweh untadelhafte Wesen gegenüber, sodass dieser Eifer nicht als ein durch die Verschuldung der von ihm betroffenen Wesen hervorgerufener Sündenhass erschiene? Etwa 1 Sam. 6, 19 f., welche Stelle Kuenen citirt? Aber das Bedenken von Thenius,[4]) als ob nicht die Schuld der Leute von Bethsemes begriffen werden könne, hat Wellhausen[5]) richtig widerlegt. Und dass auch die von den Seraphim verkündigte Heiligkeit Gottes (Jes. 6, 3) nicht in einem andern als in dem oben festgestellten Begriffe gedacht ist, beweist Hiob 4, 18: Auf seine Diener traut er nicht, an seinen Engeln stellt er Irrthum fest.

1) 40, 25; 52, 10; 57, 15; 63, 10 f.
2) Theologie des A. T. 1878, S. 517.
3) Derselbe ist neuerdings auch von Budde (Die Biblische Urgeschichte 1883, S. 65—70) in Bezug auf eine andere Frage vertheidigt worden.
4) Die Bücher Samuelis erklärt. 2. Aufl. 1864, z. St.
5) Der Text der Bücher Samuelis 1871, S. 65 f.

Ebendieselbe Verwechselung der Heiligkeit Jahwehs mit dessen Herrlichkeit findet sich nun bei den Entwickelungstheoretikern.¹) Einen besonders deutlichen Ausdruck und einen besonders bedeutsamen Einfluss hat diese falsche Auffassung der alttestamentlichen Heiligkeit bei Ritschl²) gefunden, indem er die Heiligkeit Jahwehs erstens dessen Macht und Grösse, zweitens dessen Unnahbarkeit, drittens dessen Leidenschaftlichkeit in der Wahrung seiner Zurückgezogenheit,³) viertens dessen Befremden gegen Unreinheit bezeichnen lässt. Dass nun auch Ritschl in die von ihm citirten Stellen der Samuelisbücher einen mit der ganzen rein moralischen Tendenz des A. T. streitenden Sinn gelegt hat, ist bereits erwiesen. Dass aber auch die von Ritschl statuirte vierte Bedeutung der Heiligkeit bei ihm zu einer religions- und sittengeschichtlichen Unterschätzung des A. T. führen muss, liegt darin, dass er die „Unreinigkeit" des A. T. als „das Unsaubere und Gemeine" fasst, während sie das religiös-ethisch-ästhetisch Unreine ist.⁴)

X. Entbehrte der vorprophetische Jahwismus den Gedanken, dass Jahweh, sich manifestirend in Bundesgemeinschaft mit Israel getreten ist? War nicht schon das vorprophetische Israel überzeugt, dass der einzige Offenbarungsgott in überschwänglicher Liebe sich unter allen Völkern eines zum erstgeborenen Sohn erwählt habe, welcher einen doppelten Antheil am Erbe der Offenbarung empfing?

Auf diese Frage ist die Antwort bereits in meinem „Offenbarungsbegriff des A. T." II, S. 338—340 gegeben. Aber den dort gegenüber Wellhausen und Stade geführten Nachweis, dass ברית zuerst „Bund" und dann „Bundesbedingung = Bundesforderung und Bundesverheissung" bedeutet hat, will ich jetzt noch durch eine Analogie verstärken. Nämlich auch פה „Mund" konnte die Bedeutung „Mundäusserung = Befehl"⁵) erhalten;

---

1) Z. B. Kuenen, De Godsdienst I, S. 233. 239 f.; Duhm, Theologie der Propheten, S. 169 ff.

2) Die christliche Lehre von der Rechtfertigung und Versöhnung II (1882), S. 90 f.

3) 1 Sam. 6, 19 f.; 2 Sam. 6, 6 f citirt er.

4) Vgl. darüber meinen Artikel „Reinigungen" in der Protestant. Realencyclopädie, 2. Aufl. XII (1883), S. 625.

5) Vgl. z. B Num. 20, 24.

hätte aber פֶּה zuerst „Befehl" geheissen, so hätte es nicht zu der Bedeutung „Mund" gelangen können. Also muss ich auch die von Mühlau-Volck in der neunten Auflage von Gesenius' Handwörterbuch (1883) s. v. ברית gethane Aeusserung [1]), berith könne nicht zunächst „Bund" bedeutet haben, weil dann die abgeleitete Bedeutung „Festsetzung" als „einseitige Bundesbedingung" oder „einseitiger Bund" erklärt werden müsse und dieses doch eine contradictio in adjecto sei, als eine unbegründete ansehen. Ganz neuerdings hat nun freilich auch Friedrich Delitzsch[2]) die von Mühlau-Volck in die 8. und 9. Auflage des Gesenius'schen Handwörterbuchs (1878. 1883) eingeführte Erklärung, wonach berith erst die Bedeutung „Festsetzung" hatte und dann die Bedeutung „Bund" erlangte, gelobt und selbst vertheidigt. Ich muss dagegen Folgendes geltend machen. Dass das Verb ברה „schneiden, scheiden, entscheiden" bedeutet hat, war längst bekannt. Es handelt sich vielmehr um das Substantiv ברית, und die Frage ist, ob dieses zuerst „Bund", oder ob es zuerst „Entscheidung, Bestimmung" bezeichnet hat. Ich nun behaupte, wie gesagt, dass aus der Bedeutung „Entscheidung, Festsetzung" die Bedeutung „Bund" nicht hergekommen sein kann. Denn wenn dies die Entwickelung der Bedeutungen gewesen wäre, warum hätte da nicht jedes andere Wort der hebräischen Sprache, welches auch „Beschliessung" oder etwas ähnliches bedeutete, ebenfalls die Bedeutung „Bund" erlangt? Also berith muss vielmehr zuerst „Bund" bedeutet haben, und ich behaupte,[3]) dass diese Bedeutung direct von dem Grundbegriff des Verbs barah hergekommen ist, weil bei Verträgen Opferthiere geschlachtet wurden. Wir sehen ja, dass diese Cärimonie sich in der älteren (jahwistischen) Ausdrucksweise karath berith „einen Bund schneiden" sich eine Ausprägung verschafft hat.

Entbehrte der vorprophetische Jahwismus ferner des Gedankens, dass Israel ein Reich Jahwehs sei, welches dieser durch

---

1) Ohne Berücksichtigung meiner vom Jahre 1882 stammenden Auseinandersetzung.
2) The Hebrew Language viewed in the light of Assyrian Research (1883), p. 49.
3) Vielmehr muss ich — wie ich jetzt hinterher sehe — sagen: ich kehre zu der Etymologie zurück, welche Gesenius im Thesaurus linguae Hebraicae pag. 237 (1829) gegeben hat: „ברית foedus, ab hostiis dissectis dictum".

ausserordentliche und ordentliche Organe[1]) vermittels der theils das allgemeine Verhalten Israels regelnden theils einzelne Entscheidungen treffenden Thorah beherrsche? Auch diese Frage ist bereits in meinem „Offenbarungsbegriff des A. T." II, S. 340—346 beantwortet. Ich füge hier nur folgendes Neue hinzu. In die Aussprüche Hosea's (8, 4; 10, 3; 13, 10 f.) bin ich überzeugt, nicht zuviel gelegt zu haben, obgleich dieselben mit 3, 4 f.[2]) combinirt werden müssen. Denn die vom Propheten (13, 10) gewählten Ausdrücke[3]) weisen zu deutlich auf die Worte der den Samuel um einen König bittenden Israeliten[4]) hin, als dass sie nicht eine vom Propheten beabsichtigte Anspielung auf die Volkstradition sein müssten. Daher muss ich bei meinem Urtheil beharren, dass Hosea (13, 10) auf die Institution des irdischen Königthums überhaupt zurückblickt, und dass er (3, 5) das davidische Königthum als die nur relativ gottwohlgefällige Erscheinung dieses Königthums nennt.[5]) — Auch bei meiner Polemik gegen die von Wellhausen und Stade vorgetragene Ableitung des Wortes Thorah bin ich nicht ohne Alliirte geblieben. Denn die von Gesenius angenommene und von mir (1882) ausführlich gerechtfertigte Etymologie des Wortes תורה haben trotz Wellhausen und Stade[6]) auch Mühlau-Volck und Ryssel vertreten.[7]) Der Ausdruck Thorah stammt also in Israel nicht daher, dass die Priester das Loos geworfen haben.

Was gemäss dem A. T. die Priester zu leisten hatten, habe ich in meinem „Offenbarungsbegriff des A. T." II, S. 345 f. unter-

---

1) Propheten, Kriegshelden und Priester.
2) Vgl. darüber oben S. 69 f.
3) „Du Israel hast gesagt: Gieb doch mir einen König und Richter!"
4) 1 Sam. 8, 6: Bestelle uns doch einen König, uns zu richten!
5) Einen Bundesgenossen habe ich in Bertheau gefunden, welcher im „Commentar zum Buch der Richter und Ruth" Leipzig, 1883, S. 161 f. gegenüber Wellhausen in energischer Weise namentlich das Deboralied als ein literarisches Zeugniss geltend macht, in welchem „auf das Bestimmteste das Bewusstsein hervortritt, dass Jahweh der Herrscher Israels ist, dass er sein Volk zum Kampfe begeistert, in der Mitte desselben in den Kampf zieht und als der Vertreter des Rechts Israels seinen Feinden gegenüber sich offenbart".
6) Allerdings auch ohne sie zu erwähnen.
7) Jene in der 9. Aufl. von Gesenius' Handwörterbuch (1883), s. v.; dieser bei seiner Recension von Bredenkamp's „Gesetz und Propheten" in „Göttingische Gelehrte Anzeigen" 1883, S. 683.

sucht. Darnach hatten — um es kurz zu formuliren — die Priester in Bezug auf die bleibenden Bundesbedingungen nur die Thätigkeit von secundären Organen des Offenbarungsgottes zu entfalten [1]), aber neue Gottesentscheidungen nur für einzelne Situationen zu holen, und zwar auch für diese nur mit Anwendung einer äusserlichen Vermittelung (der heiligen Loose). In der von mir in der vorliegenden Schrift geprüften Richtung der alttestamentlichen Theologie legt man den Priestern selten zu wenig, meist zu viel Bedeutung bei.

Das Erstere thut Stade, wenn er[2]) sagt: „Ausser den Propheten hatte überhaupt Niemand etwas am volksthümlichen Cultus auszusetzen". Solche Behauptungen werden ausgesprochen, und doch hat schon Hosea (4, 6) die Priester zu Verkündigern des Gesetzes gemacht![3]) Vielmehr sind also die Priester die relativen Bundesgenossen der Propheten gegenüber dem von Jahweh abfallenden Volke. Für die Richtigkeit dieser Anschauung sprechen auch die vielfachen Freundschaften der Propheten und Priester, vgl. Jes. 8, 2 etc. Folglich haben wir principiell kein Recht an demjenigen zu zweifeln, was vom Hohenpriester Jojada (2 Kön. 12, 3) erzählt ist, und richtig sagte Merx[4]), dass die Bamoth mehr ein priesterlicher Einfluss, als ein prophetischer beseitigte. Hat doch auch noch Duhm[5]) an der Spitze der von Jesaja ausgehenden Prophetenpartei den Hohenpriester Hilkia stehen lassen.

Das Zweite thut Kuenen. Denn er giebt auch in seinem neuesten Buche[6]) der priesterlichen Wirksamkeit eine fundamentalere Bedeutung, als derselben zukommt. Denn gemäss seiner Auseinandersetzung soll schon der Name Kohen den Priester als eine Person kennzeichnen, die über das Verborgene Aufschlüsse giebt, als einen Wahrsager oder Zeichendeuter. Bei Kuenen erscheint ferner die lehrende und richtende Thätigkeit der Priester nicht als eine solche, welche die vorhandenen sittlichen Grundideen der Jahwehreligion predigt sowie interpretirt und die

---

1) D. h. zu conserviren, zu appliciren, zu detailliren.
2) Zeitschrift für die alttestl. Wissenschaft, 1883, S. 9.
3) Vgl. über diesen Punct treffliche Bemerkungen von Nowack, Der Prophet Hosea erklärt, 1880, S. XXX.
4) Die Prophetie des Joel und ihre Ausleger von den ältesten Zeiten bis zu den Reformatoren, 1879, S. 7.
5) Theologie der Propheten 1875, S. 196.
6) Volksreligion u. Weltreligion, S. 81—87. 96.

existirenden Rechtsnormen auf die einzelnen Fälle anwendet, sondern als eine solche, welche diese Moralideen und Rechtsgrundsätze geschaffen hätte. Endlich erscheint bei Kuenen die Sache so, als wenn in der älteren Periode der Religion Israels die Priester als einzige Organe Jahwehs existirt hätten, bis dann gegen Ende der Richterperiode von den Canaanitern der Nabiismus zu den Israeliten herübergesprungen ¹), Samuel zugleich Priester und Prophet gewesen, und darauf der Prophetismus Israels entstanden sein soll.

Indes zunächst schon jene Deutung der Standesbezeichnung kōhēn ²), welche Kuenen auch bereits früher ³) vertreten hatte, ist falsch. Denn das genannte Wort bezeichnet nur den Fertigsteller, Bereiter, Diener κατ' ἐξοχήν, d. h. denjenigen, welcher den wichtigsten Zweig alles Menschendienstes besorgt, den Cultus der Gottheit. ⁴) Man darf also nur so sich ausdrücken, wie Hoffmann ⁵) sagt: „Die Araber schrieben ihren Kāhin's leises Murmeln zu". Sodann was die schöpferische Art der Priesterthätigkeit anlangt, die bei Kuenen so erscheint, als wenn der von den Priestern vertretene Jahwismus eine von der vorhergehenden oder nebenhergehenden Prophetenwirksamkeit unabhängige Grösse gewesen wäre: so sollte man es doch nicht versuchen, mit den Propheten die Priester hinsichtlich ihrer Beziehung zur Entstehung der alttestamentlichen Religion zu coordiniren. Man möge doch nicht vergessen, dass nach der Tradition Israels Mose ein Prophet, Aaron aber der Priester war, und dass seit dem Auszug aus Aegypten Jahweh nicht aufgehört hat, seinem Volke Propheten zu senden (Jer. 7, 25), und dass die Priester Israels selbst sich den Propheten als den wichtigeren ⁶) Organen Jahwehs untergeordnet haben! ⁷)

---

1) Gegen diese letzte Behauptung siehe meinen „Offenbarungsbegriff des A. T." I, S. 63—69.

2) Ueber Sinn und Wichtigkeit dieser doppelten Bezeichnung der Vocallänge siehe mein „Historisch-kritisches Lehrgebäude der Hebr. Sprache" I (1881). S. 25.

3) De Godsdienst I, S. 210.

4) Vgl. Gesenius in Thesaurus Linguae Hebr. pag. 661 s. und Fleischer in Delitzsch' Jesaja bei 61. 10; vgl. auch über die Etymologie von Nabi als den Sprecher κατ' ἐξοχήν meine ausführliche Darlegung im „Offenbarungsbegriff des A. T." I. S. 71—76.

5) Zeitschrift für die alttestl. Wissenschaft 1883, S. 88.

6) weil ausserordentlichen und directen..

7) Wenn solche Grundthatsachen bei Seite geschoben werden konnten,

Es sollen also in der alttestamentlichen Wissenschaft nicht solche gewagte Wahrscheinlichkeitssätze Curs erhalten, wie der Satz von Duhm (Theologie der Proph. S. 199): „Es darf scheinen, als ob den Stamm Levi, aus dem Mose hervorgegangen, in älterer Zeit ein ähnlicher Geist beseelte, wie derjenige, der auch die Rechabiter im Nomadenleben festhielt, der den Nasiräismus und den älteren Prophetismus hervorbrachte". Also so weit kann die älteste Geschichte des Priesterstandes nicht von ihrer jetzt vorliegenden Ueberlieferung '(über Aaron, Eleasar, Pinehas und dann die Oberpriester zu Silo) losgelöst werden. Ueber das wirkliche Verhältnis des Priesterstandes und des Prophetenthums hatte die richtige Vorstellung noch Vatke (a. a. O. S. 226, Anm.), und richtig sagte Merx (Die Prophetie des Joel 1879, S. 34): „In der späteren Zeit ist der Bund geschlossen worden, den nach ihrer ursprünglichen Natur Prophetenthum und Priesterthum nicht eingegangen waren". Das Richtige vertritt besonders auch Riehm in seinem Handwörterbuch des Biblischen Alterthums, Artikel „Priester", S. 1225.

Zur nächsten Untersuchung leitet folgende Bemerkung über. Nämlich man [1]) hat es als ein wichtiges Moment der Entwickelung der israelitischen Religion hingestellt, dass im Deuteronomium zum ersten Male eine Heilige Schrift geschaffen, der göttliche Wille schriftlich fixirt worden sei. Aber erstens — und nur darum handelt es sich hier — ist nicht einzusehen, wie Inhalt und Art der Religion eines Volkes dadurch verändert werden muss, dass die dogmatisch-ethischen Grundlagen des religiös-sittlichen Lebens nicht mehr blos mündlich, sondern auch schriftlich überliefert werden. Zweitens muss aber auch behauptet werden, dass bereits von Mose an im Dekalog die Grundvoraussetzungen und Grundideen der israelitischen Religiosität fixirt waren.

XI. Die gesetzlichen Grundlagen, welche der vorprophetische Jahwismus besessen hat. — Was nun da die lex caerimonialis oder die gottesdienstlichen Orte, Personen, Handlungen und Zeiten anlangt, so bleibe ich einerseits bei dem negativen Urtheile [2]) stehen, dass in der Betrachtung dieser Dinge im Parallelismus mit der fortschreitenden Realoffenbarung Gottes auf die alten Grundlagen neue Gebäude aufgesetzt worden sind, aber

---

dann musste es freilich einem Lippert leicht fallen, auch die alttestamentliche Religion in seine „Geschichte des Priesterthums" einzureihen. (2. Band 1884, S. 11 ff.; vgl. hauptsächlich S. 531).
1) Vgl. nur z. B. Smend, Die Genesis des Judenthums, S. 95. 134.
2) „Offenbarungsbegriff des A. T." II, S. 321—332.

auch andererseits bei dem positiven Urtheile¹), dass jene Grundlagen des gottesdienstlichen Verhaltens Israels bereits in der Jugend (Hos. 11. 1) oder der Brautzeit dieser Nation (Jer. 3. 4) gelegt worden sind.

Erstens füge ich aber zur Sicherung dieser meiner Position dieses hinzu. v. Orelli meinte²), wenn man in den Prophetenaussprüchen (Jer. 7. 22 f. etc.) die Mosaicität der Cultusvorschriften geleugnet sein lasse, müsse man auch den Dekalog dem Mose absprechen: denn Jesaja (1. 10 ff.) behandle auch den Sabbath geringschätzig (v. 13), folglich könne er nicht einmal diesen als mosaische (göttliche) Forderung angesehen haben. Indes schon der Umstand, dass Jesaja auch das Ausstrecken der unreinen Hände zum Gebet (v. 15) als nicht dem Gotte Israels gefällig³) bezeichnet, hätte v. Orelli darauf aufmerksam machen sollen, dass die in v. 11—16 aufgezählten Dinge in verschiedenem Sinne und Grade als von Gott stammende Cultushandlungen gemeint sind. Eben darauf führt folgender Umstand. Es steht beim Sabbath (v. 13) nur das aus sachlichem Grunde abwehrende „ich halte nicht aus", aber nicht das eine formale Rechtsverletzung urgirende „wer hat gefordert?" des 12. Verses. Demnach muss als Resultat einer vorsichtigen Exegese von Jes. 1. 10—17 hingestellt werden, dass Jesaja nicht deshalb, weil er den Sabbath (v. 13) erwähnt, sogar die Decem Verba als unmosaisch (ungöttlich) bezeichnen wollte. Es ist also ebenso sehr eine unvorsichtige (zu generelle) Auslegung der genannten Jesajastelle, wenn man sie die Mosaicität des Dekalogs leugnen lässt, wie es eine gezwungene Auslegung eben dieser Stelle⁴) für immer bleiben wird, wenn man in ihr nicht die Leugnung der Mosaicität der an den Dekalog angeknüpften übrigen Cultusvorschriften des Pentateuch findet.

Zweitens muss es als mit der Gesammtauctorität der israelitischen Tradition unverträglich und als innerlich unmöglich an-

---

1) A. a. O. II. S. 333—336. 346 f. 348 f. 351.

2) Artikel „Israel" in der Protestant. Realencyclopädie VII (1880), S. 172 f.

3) Obgleich dieses Händeausstrecken doch aus der generellen Offenbarung, aus dem unwillkürlichen körperlichen Hinstreben des mit der Seele zum Jenseits sich wendenden Menschen, also nicht vom Quell der speciellen Offenbarung stammt.

4) So wie Amos 5, 25; Jer. 7, 22 f. etc. etc

gesehen werden, dass das Passahfest, ohne dass die Thatsachen der Geschichte einen Anlass gegeben hätten, seine geschichtliche Bedeutung bekommen hätte.¹) Denn dass die Tötung der ägyptischen Erstgeburt wenigstens in Bezug auf den erstgeborenen Sohn des Königs eine Thatsache sein muss, dies muss, weil es eine die ganze Existenz Israels tragende Grundvoraussetzung ist, als Wirklichkeit festgehalten werden. Also muss Pesach, wenn es auch ursprünglich „Uebergang der Frühlingssonne in das Zeichen des Widder"²) bedeutet hätte, doch mit vollem Recht die neue Bedeutung des schonenden Vorübergangs des Pestengels bekommen haben. Fernerhin scheint mir auch die aus dem Verlauf des Naturlebens hergeleitete Erklärung der Massoth, welche Wellhausen³) gegeben hat, unmöglich zu sein. Denn weshalb würde man sich nicht einen halben oder ganzen Tag Zeit zur Durchsäuerung des Teiges gelassen haben, warum würde man den Dank für den Anbruch der Gerstenernte nicht um einen halben oder ganzen Tag hinausgeschoben haben? Die Wellhausen'sche Erklärung der ungesäuerten Kuchen ist also eine unhaltbare Vermuthung. Es muss also vielmehr ein geschichtlicher Anlass die Herstellung ungesäuerter Brote gefordert haben. Dieses Motiv war der überlieferte und wahrlich hinreichend wichtige Umstand, dass die den Israeliten lange verweigerte Entlassung aus Aegypten schliesslich mit solcher Heftigkeit gewährt wurde, dass nicht einmal der gerade im Gähren begriffene Teig in den Backtrögen bleiben konnte. — Es kann aber überhaupt, da Israel die Naturbedeutung der drei Versammlungsfeste beibehielt⁴) und Jahweh als Spender des Natursegens auch in späterer Zeit feierte, nicht eingesehen werden, wie Israel zur geschichtlichen Deutung seiner Feste gekommen wäre, wenn nicht die Schicksale der Nation wirklich einen Anlass gegeben hätten. Israel müsste sich, wenn sein Volksschicksal es nicht zur ge-

---

1) Vgl. die hier bekämpfte Meinung bereits bei George, Die älteren jüdischen Feste (1835), S. 151, 153, 172; aber hauptsächlich bei Wellhausen, Geschichte Israels S. 85 ff.; Prolegomena S. 85 ff.
2) So selbst v. Lengerke, Kenaan S. 381.
3) (Geschichte Israels S. 88), Prolegomena S 89: „Zuerst lässt man sich nicht Zeit, das Neue vom Jahre noch lange zu säuern, zu kneten und zu backen, sondern man macht daraus geschwind eine Art Aschenkuchen: das sind die richtigen Massoth".
4) Nicht etwa durch deren geschichtliche Deutung verdrängt hat

schichtlichen Deutung seiner Feste gedrängt hätte, für immer damit begnügt haben, an seinen Festen Jahweh als den Geber des im Umlaufe des Naturjahres erwachsenden Segens zu preisen.

Drittens auch auf der Grenze des Cärimonial- und des Moralgesetzes begegnet uns ein Punct, bei welchem ich die neulich angenommene Entwickelung bestreiten muss. Nämlich Duhm[1]) hat behauptet, dass „erst der Deuteronomiker geglaubt habe, durch Lehren und detaillirte Vorschriften dem Volke wenigstens äusserlich das Gepräge der Heiligkeit aufdrücken und durch ein solches äusserliches Gepräge es von den übrigen, unheiligen Völkern entfernen zu müssen". Indes erstens kann nicht derjenige Gesetzesfixator Israels, welcher am stärksten die innere Wurzel aller Gesetzeserfüllung[2]) betont hat, der Deuteronomiker, angeklagt werden, dass er „äusserliche Religiosität" in Israel eingeführt habe. Zweitens hat Jesaja, von welchem nach Duhm der Deuteronomiker das Heiligkeitsideal materiell entlehnt haben soll, keinen neuen Begriff der Heiligkeit in Israel aufgebracht.[3]) Es ist auch noch, da mit dem von Duhm gemeinten Begriff der Heiligkeit derjenige der Reinigkeit zusammenhängt, hinzuzufügen, dass auch der Begriff der Reinigkeit als vorjesajanisch nachgewiesen ist. Denn ihn hat bereits Hosea (9, 3) als eine bekannte, keiner Deutung bedürftige Grösse genannt.[4]) Noch mehr als Duhm hat aber Kuenen[5]) die wirkliche Geschichte der religiös-ethisch-ästhetischen Reinheit Israels verkannt. Denn da diese Reinheit auch bei den Propheten als selbstverständliche Eigenschaft eines mit Jahweh verbündeten Israeliten erscheint, da sie im Deuteronomium[6]) fast in allen ihren Verzweigungen auftritt, da sie endlich auf Scheu vor dem Tode und allen an ihn erinnernden Symptomen beruht hat:[7]) so ist es falsch, wenn dieser Begriff der Reinheit nach Kuenen den „Character der priesterlichen Auffassung der Forderungen Jahwehs enthüllen",

---

1) Theologie der Propheten, S. 197 f.
2) Die dankbare Liebe zum Erlösergotte Jahweh.
3) Vgl. den Nachweis oben S. 44 f.
4) Vgl. weiter meinen Artikel „Reinigungen" in der Protestantischen Realencyclopädie XII (1883), S. 618—637; zunächst S. 627.
5) Volksreligion u. Weltreligion, S. 83 f. 150. 160 f.
6) welches doch nach Kuenen die Frucht des Prophetismus seiner Zeit ist.
7) Vgl. den Nachweis in PRE², XII, 618 ff.

und wenn diese Reinheit eine „Versinnlichung des Ethischen" enthalten soll.

Viertens ist es auch eine ungeschichtliche Behauptung[1]), dass es eine Eigenthümlichkeit der Propheten gewesen sei, den sittlichen Character der Religion ausschliesslich zu betonen.

a) Denn dass die Heilszueignung in erster Linie an die religiös-ethische Richtung des betreffenden menschlichen Subjects geknüpft sei, ist in Israel auch vor den Schriftpropheten bekannt gewesen. Religiosität und Moralität waren von Anfang an die Grundpfeiler israelitischer Gottwohlgefälligkeit[2]); die alten Bundesbedingungen (Gen. 17, 1; Exod. 19, 5 etc.) sind ein Reflex dieser Erkenntnis Altisraels, und wir haben keinen geschichtlichen Anlass zu der Behauptung[3]), dass erst die Propheten „den gerechten Gott und sein gottloses Volk aufs schärfste einander gegenüber gestellt hatten". Vielmehr haben Mose, Samuel, Nathan, Ahia, Elia etc. diesen Gegensatz in der nämlichen Schärfe gekannt und verkündigt. Es heisst also, Entwickelungsreihen unter allen Umständen herstellen wollen, wenn man zwischen den sogenannten Thatpropheten und den Propheten der lebhafteren Literaturperiode Israels in Bezug auf die Theorie von der Wichtigkeit der Moralität und ihrer heilsbedingenden Kraft einen Gegensatz statuirt, während doch nur die praktische Anwendung dieser Theorie im Laufe der Jahrhunderte bei den Organen Jahwehs eine Steigerung erfahren haben mag, weil die Sündenmacht und Sündenschuld in Israel wuchs.

b) Auch haben gar nicht die Schriftpropheten der Religion ausschliesslich sittlichen Character verliehen. Vielmehr auch nach ihren Reden ruht die Verbindung Israels mit dem Offenbarungsgotte auf dogmatisch-metaphysischem Fundament, auf dem factischen Eingreifen Jahwehs in die Geschichte dieser Nation (Hos. 11, 1 etc.)[4]). Und wenn auch nach den Schriftpropheten die

---

[1] Smend's in „Die Genesis des Judenthums" S. 131.
[2] Das zeigen die durch ihre blose Existenz das sittliche Urtheil Israels enthüllenden Erzählungen von (Kain an über Achan hinweg bis zu) den Söhnen Eli's, welche priesterliche Functionen verwalteten, aber dadurch nicht davor gesichert waren, durch ihre Unsittlichkeit das Wohlgefallen Jahwehs zu verlieren; etc.
[3] Smend's in „Die Genesis des Judenthums" S. 128.
[4] Auf der gnädigen Herabneigung des gewöhnlich transcendenten Gottes in die Immanenz.

Heilsanwartschaft, die Ununterbrochenheit der Bundesangehörigkeit, die Normalität (צדקה)¹) des Israeliten in erster Reihe durch die ethische Richtung desselben, durch seine Geneigtheit, die ethischen Bundesforderungen Jahwehs zu erfüllen bedingt ist; wenn auch von den älteren Schriftpropheten die Mosaicität und damit die directe Göttlichkeit, die unmittelbare Zugehörigkeit der Cultushandlungen zur speciellen Offenbarung bestritten wird: so ist trotzdem auch von ihnen der Cultus²) als ein aus dem allgemeinen Menschenwesen unwillkürlich herausgeborenes und aus dem Völkerzusammenhang Israels herstammendes also zunächst der Menschheitsreligion und der generellen Offenbarung angehörendes Sinnbild der Jahwehtreue Israels angesehen und in seinem relativen Werthe geschätzt worden.³)

c) Auch haben nicht anders, als die Propheten des 8. Jahrh., die des 7. Jahrh. „über die Aufhebung der Sünde" gedacht.⁴) Denn auch ein Jeremia hat⁵) für die auf das Strafgericht folgende Zukunft die Existenz von priesterlichen Leviten in Aussicht gestellt (33, 17—26). Und wie sehr hat sich in Hesekiels Vorstellung, welcher doch gleich Jeremia (31. 31—34) die Innerlichkeit der Beziehung des frommen Israeliten und Jahwehs gelehrt hat (36, 26 f.), mit dieser Anschauung das zukünftige Fungiren der gottesdienstlichen Personen und sogar das Darbringen von Sündopfern (43, 19) vereinigt! Vergleicht man nun noch des Deuterojesaja Vergeistigung des Fastens (58, 6 f.) damit, dass auch nach ihm das Israel der glücklichen Zukunft in das Haus Jahwehs Gaben in reinem Gefässe bringen wird (66, 20), vergleicht man noch Maleachi's Eifern um fehlerlose Opferthiere (1, 14) mit seiner alle Immoralität geisselnden Busspredigt (3, 5): so wird man um so leichter zugeben, dass die Factoren der Religiosität

---

1) Kautzsch in seinem Programm „Ueber die Derivate des Stammes צדק im alttestamentlichen Sprachgebrauch" (1881), S. 53.

2) Mit seinen vier Bestandtheilen: Ort, Person, Handlung und Zeit des Gottesdienstes.

3) Vgl nur Jesaja's Verheissungen für den Tempel (4, 5 f.; 30, 19; 31, 5 f.); — seine Freundschaft mit dem Priester Uria (8, 2); — seine Worte vom Lied und der Herzensfreude der Festnacht (30, 29)!

4) Diese Differenz soll nach Smend's Urtheil (Die Genesis des Judenthums. S. 128) Duhm gezeigt haben.

5) Dies muss Duhm (Die Theologie der Propheten S. 215) selbst anerkennen.

Israels in der Theorie im wesentlichen immer dieselben gewesen sind, nämlich Bundesglaube[1]) und Bundesgehorsam. Ob dieser letztere wieder mehr in die Befolgung der lex moralis, oder auch indirect in die Befolgung der lex caerimonialis gesetzt worden ist, das sind unwesentlich verschiedene Erscheinungsformen der gleichen Substanz.

XII. Entbehrte der vorprophetische Jahwismus die Idee der zukünftigen Universalität des israelitischen Heiles?

Die Meinung, dass der anfänglichen Religion Israels Particularismus eignete und das derselben die Idee des Universalismus erst durch die späteren Vertreter des Schriftprophetenthums hinzugefügt worden sei, will zu einen Dogma werden. Als Belege ziehe ich nur Folgendes heran. K. Planck[2]) war vom absoluten Particularismus der vorprophetischen Religion Israels so fest überzeugt, dass er in demselben die zwingende Veranlassung fand, zum religiösen Ausgangspunct[3]) der alttestamentlichen Weltanschauung noch einen nationalen hinzuzunehmen. Ferner hat Tiele gemeint, dass er die alttestamentliche Religion gerade wegen ihres blos nationalen Horizontes unter die antiken Religionen einreihen könne und müsse.[4]) Kuenen behauptet auch in seiner neuesten Schrift[5]), dass erst, nachdem von den Propheten angeblich der ethische Character Jahwehs und der ethische Monotheismus gelehrt gewesen sei[6]), nach ihrer Predigt „Jahweh für die Völker etwas mehr und etwas anderes habe werden können,

---

1) Z. B. Gen. 15, 6; Exod. 20, 2 f.; Jes. 7, 9; Hab. 2, 4.
2) „Der Ursprung des Mosaismus" in den Tübinger Theologischen Jahrbüchern, Bd. IV (1845), S. 450—519. 656—721; haupts. S. 452—454.
3) Derselbe sollte nach Plank's Ansicht „der reine Feuerdienst" sein. a. a. O. S. 455; vgl. oben S. 46!
4) Vergel. Geschiedenis p. 2: „Alle alten Gottesdienste haben ein Merkmal mit einander gemein, wodurch sie sich von den neueren unterschieden: sie sind alle Stamm- oder Nationalreligionen"; p. 6: „sogar der Israelit (so sehr auch die Gottheiten der Völker, verglichen mit Jahweh, nur Dreck und Nichtigkeit waren) hat nicht daran gedacht, Proselyten für seine Religion zu machen, bevor andere Nationen ihm davon das Vorbild gaben, und die Idee einer allgemeinen Religion überall zu reifen begann."
5) Volksreligion u. Weltreligion, S. 125—133.
6) Vgl. dagegen oben S. 43—45!

als ihr Ueberwinder." — Dem gegenüber will ich mich nicht begnügen, darauf hinzuweisen, dass bereits eine Darlegung, wie die v. Lengerke's[1]) dem wirklichen Verlauf der israelitischen Ideenentwickelung mehr gerecht wurde; sondern ich will selbst in Kürze darstellen, wie mir über die wesentlichen Züge der alttestamentlichen Zukunftsgemälde richtig geurtheilt zu werden scheint.

Erstens was die Art des im A. T. verheissenen Heiles anlangt, so habe ich bereits früher[2]) auseinandergesetzt, dass darüber zwei Reihen von Vorstellungen sich finden: eine vorbereitende und eine abschliessende; eine, welche körperliches Heil, und eine, welche geistliches (religiös-sittliches) Heil in Aussicht gestellt hat.

Zweitens was den Umfang der Heilstheilnehmer, den Kreis derjenigen Personen betrifft, welche trotz der auf allen Stufen des Gottwohlgefälligkeitsstrebens bleibenden Schuld durch Busse und Glauben[3]) die Theilnahme an dem beim Abschluss des gegenwärtigen Religionsgeschichtsstadiums (Weltäons) erscheinenden Heile erlangen sollen: so urtheile ich, dass der Jahwismus bereits von vorn herein im Princip den Universalismus der Ausbreitungstendenz besass, wenn auch diese Eigenschaft der Offenbarungsreligion zunächst nur eine latente war.

Denn nachdem Israel in Mose's Zeit auf eine grundlegende, aus der späteren Zeit unerklärbare Weise von der die andern überirdischen Potenzen überragenden Superiorität Jahwehs überzeugt worden war, nachdem Israel seinen Gott als den Lenker der Menschheitsgeschichte erkannt hatte[4]): da musste Israel auch sofort sich als ein in religiöser Hinsicht allen andern Nationen überlegenes Volk fühlen und den Gedanken besitzen, dass seine Religion einst die Weltreligion sein werde. Weil ohne diesen principiellen und potenziellen Universalismus schon die vorprophetische Religion Israels nicht gedacht werden kann, weil sie ihm spätestens in der Periode Mose's mit in die Wiege gelegt

---

1) Kenáan (1844), S. 489—494.
2) „Offenbarungsbegriff des A. T." II, 396—398.
3) Jes. 7, 3 „ein Rest wird sich bekehren"; v. 9 „gläubet ihr nicht, so bleibet ihr nicht"; Hab. 2, 4: der Gerechte wird aus dem Glauben, welcher schon die Quelle eben dieser seiner Gerechtigkeit (seines bundesgemässen Verhaltens) ist, auch das selige Leben schöpfen.
4) Vgl. oben S. 39—42!

bekommen hat und weil derselbe endlich mit ihrem Bewusstsein, aus übermenschlicher Quelle zu stammen, von selbst gegeben war: so entspricht es dem wirklichen Causalnexus der Religionsgeschichte, wenn bereits in Abrahams Berufung die das ganze Menschengeschlecht umspannende Zukunftshoffnung eingewebt ist: In deinem Samen sollen alle Völker auf Erden gesegnet werden (Gen. 12, 3; 22, 18).

Wenn nun aber dieses universelle Ziel der Jahwehreligion zunächst nur in der bereits oben[1]) berührten negativen Weise zum Ausdruck gekommen ist, so erklärt sich dieses aus mehreren Ursachen: aus dem Mangel eines göttlichen Auftrags zur Mission[2]); aus dem feindlichen Verhältnis der andern Nationen zu Israel; aus der nationalen Abgeschlossenheit aller Völker der früheren Zeit, wonach an Mission gar nicht zu denken war.[3])

Ueberdies gab es schon früh ausserisraelitische Theilhaber der Jahwehreligion, also Proselyten. Denn auch als Unbeschnittener durfte der Nichtisraelit sich bei den Opfermahlzeiten mit vor Jahweh freuen, er durfte aber auch durch den gesetzlichen Aufnahmeritus sich zu einem vollberechtigten Gliede des Erwählungsvolkes Jahwehs machen.[4]) Es ist aber an diesen Ueberlieferungen zunächst dies von einzigartiger Bedeutung, dass

---

1) Vgl. oben S. 41, Anm. 4 und dazu alle in den übrigen Schriftpropheten sich findenden Weissagungen, welche in drohender oder verheissender Art sich auf die Nichtisraeliten beziehen und alle das Bewusstsein Israels illustriren, dass Jahweh der Lenker der Weltgeschichte sei und durch Strafgerichte oder durch Belohnungen alle Menschen zu seiner Erkenntnis führen werde.

2) Vgl. Apostelgesch. 14, 16: Welcher in vergangenen Zeiten hat lassen wandeln alle Heiden ihre eigenen Wege. Vgl. dazu meinen „Offenbarungsbegriff des A. T." I, S. 35.

3) Es ist aber schon, wenn es sich um die Beziehung des israelitischen Staates zu den Nichtisraeliten handelt, an den richtigen und wichtigen Satz Riehm's (in seinem Handwörterbuch S. 448) zu erinnern: „Bei keinem andern Volk des Alterthums waren zu Gunsten der Fremdlinge (Halbbürger) so liberale und humane Gesetzesbestimmungen getroffen, als bei den mit Unrecht eines engherzigen Particularismus bezichtigten Israeliten".

4) Deut. 16, 11; — Gen. 17, 23; 34, 16: „zu einem Volk"; Exod. 4, 26; Num. 10, 29—32. Damit wollte ich nur einige, in die früheste Geschichte gemäss dem israelitischen Bewusstsein eingeflochtene Züge hervorheben. Die gesetzlichen und die prophetischen Stellen siehe z. B. bei Riehm (in seinem Handwörterbuch S. 449).

Israel überhaupt die Idee besass, zwischen der local-social-politischen und der religiösen Zugehörigkeit eines Nichtisraeliten zu Israel sei ein Unterschied, der letztere habe verschiedene Grade, und die volle Jahwehangehörigkeit müsse von den Nichtisraeliten durch einen besondern Aufnahmeritus erworben werden.[1]) An diesen Ueberlieferungen ist aber sodann auch die Thatsache bedeutsam, dass Israel von vorn herein wenigstens inländische Mission getrieben hat.

Wir sehen aber weiter, dass vor dem Zeitalter der Schriftpropheten einige, bei der Beantwortung der in dieser zwölften Untersuchung gestellten Frage bisher unbeachtete Thatsachen geschehen sind, welche in stufenweisem Fortschritt von der inländischen zur ausländischen Mission Israels hinüberführten.[1]) Denn indem die Königin von Saba, welche „Salomo's Ruf in dessen Beziehung zu Jahweh" gehört hatte, die Weisheit, also zunächst die Lebensanschauung, dann die Weltbetrachtung des israelitischen Königs bewundern musste, wurde sie angeleitet, den richtigen Schluss auf Israels Gott als den letzten Quell dieser Weltauffassung zu ziehen. Elias wurde veranlasst, der canaanitischen Wittwe zu Zarpath seine in physischer und geistlicher Hinsicht heilsame Nähe zu gönnen. Den Elisa sehen wir nicht nur seine Wunderkraft dem Syrer Naeman spenden und ihn zur Erbauung eines ersten Jahwehaltares ausserhalb Israels anregen, sondern auch im Auftrage seines Gottes positiv und direct in die Geschichte Syriens eingreifen. Also der religionsgeschichtlichen Voraussetzung nach ist die Mission des Jonah ben Amiththaj als Busspredigers nach Ninive zur Zeit Jerobeams II (um 800) möglich gewesen, und diese ideelle Basis seiner Geschichte könnte in dem Büchlein von Jonah aus ihrer Verborgenheit zum hellen Tageslichte befördert worden sein, wenn nicht vielmehr sogar ein Factum[3]) durch die Ueberlieferung von diesem Jonah müsste gemeldet gewesen sein. Denn wie hätte ohne einen solchen

---

1) Bei andern Nationen kam neben der local-social-politischen Verbindung eines Fremden mit den Einheimischen die religiöse Zugehörigkeit desselben nicht in Betracht und musste diese nicht noch durch einen besondern Ritus erworben werden.

2) 1 Kön. 10, 1. 9; 17, 8—24; 2 Kön. 5, 17; 8, 7—15.

3) Etwa eine aus irgendwelchem Anlass und zu irgendwelchem Zweck unternommene Reise in die grosse Stadt am Tigris.

historischen Anlass gerade er als erstes Organ der ausländischen Mission Israels aufgefasst werden können? Nachdem durch solche Vorgänge auch factisch von der internen zur externen Mission Israels eine Brücke geschlagen war, konnte das zuerst latente Princip der Offenbarungsreligion, dass sie die Erde erobern und alle Menschen vor dem Offenbarungsgotte auf die Kniee niederziehen werde, um so leichter in Worten [1]) ausgeprägt und in Thaten realisirt werden.

Mit dem angeblichen absoluten Particularismus der älteren Religion Israels hängt ihr angeblicher Nationalismus [2]) zusammen. Nämlich wie man behauptet, dass die vorprophetische Religion Israels nur auf dieses eine Volk eine Tendenz besessen habe, so behauptet man auch, in ihrem älteren Stadium habe die alttestamentliche Religion sich auch nur auf die ganze Nation bezogen, in der Gesammtheit sei das einzelne Subject untergegangen, im Verlaufe der prophetischen Periode aber habe jeder Einzelne direct sein Heil von Gott erwartet, also die alttestamentliche Religion die Eigenschaft des Individualismus erlangt.[3])

Aber erstens auch bei den frühesten Anhängern des Jahwehglaubens handelte es sich um das Heil der einzelnen Person, und wir müssen [4]) den individualistischen Ausruf Jakobs „auf Dein Heil habe ich geharrt, Jahweh" (Gen. 49, 18) als einen Stossseufzer auffassen, wie er sich jeder einzelnen frommen Seele des alten Israel entrang. Denn in allen alten Geschichten und Sätzen handelt es sich um Rettung oder Verderben des Einzelnen: bei Esau, Ruben, Joseph etc., und wenn im Dekalog am Anfang bei den

---

1) Ps. 8, 2: Jahweh, unser Herr, wie herrlich ist Dein Name auf der ganzen Erde, da man Deine Majestät (sogar) am Himmel lobt! (vgl. mein Historisch-kritisches Lehrgebäude der Hebr. Sprache I, S. 303 f.); ferner Jes. 2, 2—4; Micha 4, 1—3 etc. etc.

2) oder Totalismus, wenn ich diese Wörter neu münzen darf.

3) So Smend, Ueber die Genesis des Judenthums. S. 131: „Durch die Propheten war die israelitische Religion mehr geworden, als ein Verhältnis zwischen Gott und Volk, sie war jetzt auch ein Verhältnis zwischen Gott und dem einzelnen Menschen. Nicht nur das Volk, sondern auch der Einzelne erwartete jetzt von Gott sein Heil"; ferner in seinem Programm „Die Listen der Bücher Esra und Nehemia" (1881), S. 3 f.

4) wenn auch „der Segen Jakobs" in seiner jetzigen Gestalt nicht aus des Patriarchen Munde stammt.

Worten „der ich dich aus Aegyptenland geführt habe" die ganze Nation das Object sein kann, so wird doch wenigstens in „ehre deinen Vater etc." der Ausdruck individualistisch. Auch sind in Israel von jeher nicht nur von der Nation, sondern auch von den Einzelnen Opfer dargebracht worden, wie z. B. von Elkana (1 Sam. 1, 3). Man bemerke auch noch den individualisirenden Ausdruck der Nathansweissagung![1]

Zweitens wenn die Propheten den Totalismus der alttestamentlichen Religion dadurch umgewandelt haben sollen, dass sie „den sittlichen Character der Religion ausschliesslich betont"[2] hätten: so existirt zunächst zwischen der veränderten Art der Vermittelung des Heils und zwischen dessen Beziehung auf die einzelne Person kein logischer Zusammenhang. Sodann aber ist auch von den Schriftpropheten keine neue Theorie über die Momente der Religiosität Israels aufgestellt worden.[3] Endlich müsste doch jedenfalls zugegeben werden, dass die angeblich bei den mittleren Schriftpropheten ausschliesslich auftretende Ethisirung sowie Verinnerlichung der Religion Israels im letzten Abschnitte der Schriftprophetie wieder verschwand[4], und dass also die Ethisirung der Religion Israels als Ursache nicht mehr vorhanden gewesen wäre, als ihre Wirkung, die Subjectivirung sowie Individualisirung der Religion Israels, eingetreten sein sollte.

Drittens ist auch die angebliche Individualisirung und Subjectivirung der Religion Israels gar nicht in der prophetischen Periode gewirkt worden oder nach derselben vorhanden gewesen. Denn auch in der nachexilischen Gemeinde wusste sich die einzelne fromme Persönlichkeit als ein Glied des gesammten Erwählungsvolkes und leitete aus dieser seiner genealogischen Zugehörigkeit zu Israel seine Jahwehangehörigkeit ab.[5] Es hat ja auch, — wie der Universalismus der Propheten nicht als eine Nivellirung des zwischen Israel und den andern Völkern bestehen-

---

1) 2 Sam. 7, 14, und diese Urwurzel der davidisch-messianischen Weissagung erweist ihre Geschichtlichkeit, indem sie der Quellpunct nicht nur von Davids letzten Worten (2 Sam. 23, 2), sondern auch von Ps. 2. 72. 89 und vielleicht 110 ist.

2) wie Smend, Genesis des Judenthums, S. 131 will.

3) Vgl. den Beweis oben S. 93 f.

4) Vgl. Duhm, Theologie der Propheten, S. 264 f.

5) Vgl. z. B. Esra 2, 62; Neh. 13, 26 ff.; Tob. 1, 1; Josephi Vita § 1 (αἱ δημόσιαι δέλτοι); Luc. 2, 36.

den Unterschiedes, sondern als ein Herübertreten der andern Völker zu Israel gemeint ist,[1]) — das Israel der nachexilischen Zeit die Universalität der wahren Religion nur so erhofft und erstrebt, dass die Nichtisraeliten in den Nationalverband des auserwählten Volkes aufgenommen würden. Vielmehr hat Kuenen in seiner Darstellung[2]) die beiden Begriffe „eine Religion mit Eroberungstendenz" und „eine gegen nationale (äusserliche) Zugehörigkeitsmerkmale gleichgiltige Religion" mit einander verwechselt.

Kuenen nämlich will[3]) aus der Neuheit des von Jeremia verheissenen Bundes folgern, dass „in Wahrheit dieser Bund unabhängig von dem Verhältnis habe sein sollen, in welchem Jahweh seit dem Auszuge aus Aegypten zu seinem Volke gestanden hat, ein neuer Bund und darum nicht beschränkt auf eine Nation, sondern geeignet und bestimmt für viele Völker". Indes in Jeremia's Weissagung sind die Worte „da will ich mit dem Haus Israel und mit dem Hause Juda einen neuen Bund schliessen" die grundlegende Bestimmung, und erst von da aus ist das Andere zu erklären, nämlich dass Jeder das Gesetz Gottes im Herzen tragen solle. Und wo steht es, dass dieser von Jahweh mit den beiden wieder vereinigten Theilen des Erwählungsvolkes geschlossene Bund geeignet und bestimmt für alle Völker sein soll? Meint man aber zu den Worten des Jeremia dies wenigstens hinzudenken zu dürfen, dass Jeremia nicht die Beschneidung als Aufnahmeritus für solche Nichtisraeliten vorausgesetzt habe, welche zum Erwählungsvolke übertreten wollten? Weder die prophetische noch die nachprophetische

---

1) Gegen Kuenen's (Volksreligion u. Weltreligion S. 126) durch obige Worte im allgemeinen zurückgewiesene Sätze muss im besondern noch Folgendes bemerkt werden: Davon, dass Jahweh nach der Idee eines Propheten etwas anderes als der Zerstörer fremder Völker ist, hängt nicht die Consequenz ab, dass die Religion dieses Propheten weniger eine Nationalreligion und mehr eine Weltreligion ist, als dieses die alttestamentliche Religion überhaupt war. Denn auch wenn ein Prophet seinen Gott nicht blos als den Vernichter der fremden Völker verkündigt, so kann er trotzdem den Particularismus auf das strengste festhalten, indem er meint, dass die Nichtisraeliten dem Erwählungsvolke einverleibt werden sollen.
2) Volksreligion u. Weltreligion. S. 125—147. 173—185.
3) A. a. O. S. 146. — Jer. 31, 31—34.

Literatur Israels giebt uns ein Recht, diese Frage zu bejahen.[1]) Vielmehr haben auch die universalistisch klingenden Stimmen der späthebräischen Literatur ihre geradlinige Frucht nur in der Proselytenmacherei der Schriftgelehrten und in der Heidenbekehrungsscheu des Petrus. Erst neue Kundgebungen des Offenbarungsgottes führten zu dem Beschluss des Apostelconventes, durch welchen für die zur Weltreligion strebende Tendenz der Lehre des Weltheilandes die hindernde Schranke niedergerissen wurde.[2])

Wenn also die Behauptung, dass die israelitische Religion erst durch die Schriftpropheten (insbesondere Jeremia) die Eigenschaft des Individualismus[3]) bekommen habe, wegen der Gebrechlichkeit ihrer alttestamentlichen Stützen wankend wird, so sinkt mit dieser Behauptung zugleich eine Consequenz derselben hin, dass nämlich Israel vor dem Exil ein Volk, nach demselben eine religiöse Gemeinde oder Secte[4]) gewesen sei. Diese Vorstellung hängt bei ihren Besitzern mit dem Nebengedanken zusammen, dass vor dem Exil der natürliche Volkszusammenhang, der volksthümliche Naturboden, aber nach dem Exil das geistliche Interesse, eine religionsgeschichtliche Reflexion das Primäre bei der Jahwehangehörigkeit, die Basis für die Bildung einer Genossenschaft der Jahwehgläubigen gewesen sei.[5]) Aber der geschichtlichen Wirklichkeit entspricht nur die Behauptung, dass mehr noch, als schon in den zunächst dem Exil vorangehenden

---

1) Denn wenn gerade Jeremia Beschneidung des Herzens fordert (4, 4; 9, 26), so will er sie neben der Beschneidung des Körpers.
2) Vgl. Sach. 8, 20—23; Matth. 23, 15; Apostelgesch. 10, 14 ff.; 15, 7 ff.
3) Dieser Ausdruck wird auch von Kuenen in „Volksreligion u. Weltreligion" S. 145 gebraucht.
4) So Smend, Die Genesis des Judenthums, S. 139; Wellhausen, Geschichte Israels, S. 1. 428 ff.; Prolegomena, S. 1. 446.
5) Vgl. z. B. Smend, Die Genesis des Judenthums S. 95: „Vor dem Exil hat ein jugendlich kräftiges und gesundes Volk sich mit seinem Gott in wesentlicher Uebereinstimmung und von ihm getragen gewusst etc. Das alte Israel hat den Willen Jahwehs in seinen Priestern und Propheten, d. h. aber in sich selbst lebendig getragen". S. 119: „Israels Gottesbewusstsein fiel zunächst durchaus mit seinem Nationalbewusstsein zusammen. Jahweh war Israels Gott geworden, als Israel entstand". S. 121: „Im allgemeinen hatte man anfangs kein klares Bewusstsein von der Differenz zwischen Jahwehs Willen, resp. dem öffentlichen Gewissen und dem öffentlichen Leben".

Zeiten, nach demselben die staatliche Selbständigkeit Israels verschwunden ist, dass aber trotzdem, wie vor dem Exil, so nach demselben **Israel sowohl ein Volk als auch eine Religionsgemeinschaft gewesen ist.**

XIII. **Entbehrte der vorprophetische Jahwismus die formale Dignität der prophetischen Religion, d. h. des** prophetischen Ausgangspunctes?

Allerdings wird ja hauptsächlich von den Vertretern der im vorliegenden Büchlein von mir geprüften Auffassung des A. T. auch der Prophetismus Israels nicht in die mir richtig scheinende Beziehung zu der für gewöhnlich transcendenten Welt gesetzt [1]); aber in den Schriften dieser Gelehrten kommen Aeusserungen vor, wonach die vorprophetische Religion Israels noch weit mehr ein Naturproduct dieses Volkes gewesen wäre.

Aber erstens wenn der Jahwismus des älteren Israel zunächst als Nationalreligion [2]) und als eine ihre Aussprache durch die Priester findende Religion ein eigenes natürliches Erzeugnis dieses Volkes gewesen sein soll: so sind diese Anschauungen bereits oben (S. 87 ff. 99 ff.) beleuchtet worden. Hier ist nur noch hervorzuheben, dass die richtige Auffassung der alttestamentlichen Theologie die Vertreter der genuinen Religion Israels nicht in denjenigen Propheten suchen darf [3]), welche das Volk „seine Weisen und Gescheiten" nannte (Jes. 29, 14), welche aber Jesaja (5, 21) mit den Worten beurtheilte „wehe denen, die in ihren Augen weise sind und vor ihrem Angesicht gescheit", und welche die Frommen Israls, die Treuen Jahwehs, die Vertreter des unzweifelhaft höheren Religionsprincips Israels, der Geistesreligion,

---

1) Auf diese Frage komme ich in der vorliegenden Schrift nicht zurück. Ich bemerke hier nur dieses, dass sich die Religionsgeschichtsforschung mit solchen Sätzen, wie sie bei Vatke S. 533; Smend, Genesis des Judenthums, S. 124. 129. 131. 138; Kuenen, Volksreligion u. Weltreligion, S. 148 sich finden, nicht endgiltig zufrieden geben kann. Vgl. vielmehr über das wirklich zwischen Geschichte und Prophetie bestehende Verhältnis meinen „Offenbarungsbegriff" des A. T." II, S. 278—318! Auch leuchtet bei Vatke (S. 148) und Smend (S. 125. 134) in Selbstwidersprüchen das richtige Bild des israelitischen Prophetismus hindurch.

2) Smend, Die Genesis des Judenthums, S. 118. 119.

3) Dies haben aber zuletzt noch Smend, Die Genesis des Judenthums, S. 95 und Kuenen, Volksreligion und Weltreligion, S. 93—99 gethan.

nicht als Heroen der grossen Vergangenheit sowie nicht als Patrone der wahren Religion ihrer Nation anerkannt haben.

Zweitens ist die vorprophetische Religion Israels nicht deswegen ein Naturproduct, weil sie in der religiösen Auszeichnung gewisser Berge, Bäume und Steine mit der canaanitischen Religion übereinstimmte. Denn es ist bereits [1]) hervorgehoben worden, dass die genannten, überdies sporadischen Bestandtheile der altisraelitischen Religion mit dem Gottesbegriff derselben nichts zu thun hatten.

Muss aber drittens nicht aus der Triebkraft des altisraelitischen Volksgemüthes die Gottesvorstellung Altisraels hervorgewachsen sein, weil dieselbe mit den Gottesvorstellungen der verwandten und benachbarten Völker coincidirte? Dies war der Gedankengang nicht blos Ghillany's [2]), sondern auch Kuenen's [3]) Indes habe ich oben S. 32—89 dargelegt, dass man erst die theologischen Aussagen des A. T. ihres eigenthümlichen Geistes und Kernes berauben muss, wenn man die Einzigartigkeit, welche bereits der altisraelitischen Gottesanschauung zukommt, aus der Religionsgeschichte streichen und das Gottesbewusstsein eines Mose, einer Debora, eines Samuel mit dem Gottesbewusstsein eines Canaaniters oder Moabiters auf das gleiche Niveau bringen will.

Aber viertens Smend hat ein Moment der Geschichte betont, welches in den bisherigen Untersuchungen noch nicht erwähnt worden ist und welches mit dem Gewicht eines historischen Factums für die geringere formale Dignität der vorprophetischen Religion Israels zu sprechen scheint. Dies ist der Umstand, dass das Zehnstämmereich nicht durch seine Religion wieder restituirt worden ist.[4]) Folgt nun wirklich die Natürlichkeit des altisraelitischen Religionsprincips aus dessen geringerem Einfluss in der früheren Geschichte? Aber wenn dieser geringere Einfluss daraus erklärt werden kann, dass zuerst Israel stärkere religiöse Versuchungen zu überwinden hatte, so beweist er ja nichts für die Inferiorität des altisraelitischen Religionsprincips. Ferner wer

---

1) Vgl. oben S. 72, Anm. 1!
2) In dem Abschnitt „Verhältnis Jahwehs zu den Göttern der angrenzenden Völker" S. 429—459.
3) De Godsdienst I, S. 223 ff.
4) Smend, Die Genesis des Judenthums, hauptsächlich S. 117.

muss dies, dass im Reiche Israel und im Reiche Juda ebendasselbe von den natürlichen Tendenzen des Volksgeistes unabhängige Religionsprincip vorhanden gewesen sei, in Zweifel ziehen, wenn es gilt, das Zurückbleiben der zehn Stämme im Exil zu erklären? Um dieses Factum verständlich zu machen, braucht man nur zu bedenken, dass für die Exulanten des Reiches Israel nicht so bald, wie für die diejenigen des Reiches Juda, Gelegenheit zur Heimkehr sich darbot. Also hiesse es, von dem Religionsprincip, welches die Rückkehr der judäischen Exulanten veranlasste, innerhalb der israelitischen Exulanten eine grössere Wirkungskraft verlangen, wenn es auch diese nach einem viel längeren Exil zur Rückkehr hätte veranlassen sollen. Ueberdies ist es keine grundlose Vermuthung, wenn ich sage, dass in den Rückwandererzügen des Jahres 536 etc. auch religiös angeregte Geister des Zehnstämmereichs gewesen sind. Denn wenn es auch nicht sich so verhält, dass die in Esra 2, 61 f. aufgeführten Personen Nachkommen von Bürgern dieses Reiches gewesen sind [1]), so gab es doch z. B. in Jerusalem die Hanna ἐκ φυλῆς Ἀσήρ (Luc. 2, 36; vgl. Apoc. 7, 4—8).

Nichts wird fünftens durch so unbegründete Sätze ausgerichtet, wie der [2]), dass die israelitische Religion solche Stadien durchgemacht habe, in denen sie wenigstens für unsere Betrachtung ein Bild geboten habe, wie andere Religionen des Alterthums auch, sodass sie möglicherweise auch das Schicksal dieser heidnischen Religionen hätte theilen können. Denn es ist zu entgegnen, dass man, die Möglichkeit der Vernichtung der alttestamentlichen Religion anzunehmen, nicht berechtigt ist, weil diese Vermuthung durch die Thatsachen Lügen gestraft worden ist. Vielmehr müssen wir, da die alttestamentliche Religion alle äusseren Schicksale ihrer Bekenner triumphirend überdauert, ja ihrerseits das Lebensmark der israelitischen Nation gewesen ist, von dieser ausserordentlichen Wirkung der alttestamentlichen Religion auf eine ausserordentliche Fähigkeit derselben zurückschliessen.

Freilich will man diesen Rückschluss nicht gelten lassen, will es „unverständlich finden, wenn jemand das Bedürfnis empfindet, die Anfänge der israelitischen Religion so sich vorzu-

---

[1] Vgl. Smend, Die Listen der Bücher Esra und Nehemia, S. 21, Anm.
[2] Smend, Die Genesis des Judenthums, S. 117.

stellen, dass die nachfolgende Entwickelung sich als deren nothwendige Folge ergiebt".[1]) Jedoch ebenderselbe Gelehrte raubt diesem seinem Widerspruch selbst die Kraft, weil er selbst[2]) ja „erwartet, schon in den Anfängen Israels diese und jene Eigenthümlichkeit zu entdecken, die auf den beispiellosen Ausgang seiner Geschichte hinweist". Was bleibt also von seinem oben erwähnten Widerspruch übrig? Dies, dass „man keine irgendwie bestimmte Vorstellung von der Eigenthümlichkeit der Anfänge Israels von vorn herein mitbringen darf". Nun, dies kann ihm leicht versprochen werden und wird wirklich von denjenigen Erforschern der Religionsgeschichte geleistet, welche mit mir immer nur von den factischen Lebensbethätigungen der israelitischen Religion auf die sie hervortreibenden Kräfte zurückschliessen.

Ueberdies muss wer vor Vorurtheilen warnt, zuerst selbst apriorische Sätze vermeiden. Aber einer der ersten Sätze, mit denen die Abhandlung „die Genesis des Judenthums" beginnt[3]), enthält entweder das Vorurtheil, dass die Wirkung keinen Rückschluss auf ihre Ursache erlaube, oder wendet sich gegen solche schwache Denker, welche beim Rückschluss von der Wirkung auf die Ursache nicht blos die treibenden Centralideen, sondern auch deren peripherische Ausgestaltungen, nicht blos den markigen Kern des Baumes, sondern auch alle Blätter desselben vom Ende des Lebens der alttestamentlichen Religion in alle Perioden und sogar in den Anfang desselben zurücktragen wollen.

Ich meinerseits aber will, indem ich vom Ausgang der israelitischen Religion auf deren Anfang zurückschliesse, nur behaupten, dass die Unsterblichkeit der auch das sinkende Zehnstämmereich überdauernden Religion des A. T. ihre Unabhängigkeit von der nationalen Naturkraft Israels sowie ihre specifische[4]) Verschieden-

---

1) Smend am zuletzt citirten Orte.
2) A. a. O.; vgl. bei ihm auch S. 95.
3) A. a. O. S. 95: „Was das Facit der Geschichte des alten Israel war, kann nicht ihr Ausgangspunct gewesen sein".
4) Es ist also falsch, was Tiele (Vergel. Geschiedenis 1872, S. 526) sagte: „Die Religion Israels unterschied sich sogar auf ihrem höchsten Standpunct in Art und Character nicht von der Religion der umwohnenden und verwandten Völker"; vgl. weiter bei ihm S. 527 f. — Oder muss nicht ebenderselbe Tiele (Compendium 1880, S. 110 f.) anerkennen: „Die Verbindung düsterer Weltverachtung mit üppiger Sinnlichkeit ist eine Charaktereigenthümlichkeit aller semitischen Religionen;

heit von allen alten Religionen garantirt, und ich will verhindern, dass in der alttestamentlichen Wissenschaft Profanirungen des Heiligen Israels ¹) zur Tagesordnung werden.

Schluss.

Durch das Vorausgehende halte ich die Behauptung für genügend begründet, dass die Grundelemente der alttestamentlichen Religion von den Schriftpropheten nicht verändert worden sind, und dass überhaupt die geschichtlichen Phasen der mosaischen Religion nicht Alterirungen ihrer Substanz gewesen sind. Ich sehe demnach bei der Beurtheilung der Geschichte der alttestamentlichen Religion denjenigen Satz für das richtige Resultat an, welchen die von der evolutionistischen Naturbetrachtung sich fernhaltenden Erklärer des Naturlebens vertreten. Also der Typus (die wesentlichen Merkmale) der israelitischen Religion war das Primäre, und nur Dinge, welche nicht ihren Kern berühren, waren das Secundäre. Es ist ähnlich, wie bei einer Pflanze, wo auch schon der Keim den ganzen Typus derselben bedingt und dieser das Erste sowie Letzte in der Entfaltung der Pflanze ist, mag sie in nebensächlichen Merkmalen (Ausdehnung, Frische, Farbe, Duft) noch so sehr variiren.²)

---

nur der mosaische Prophetismus macht davon eine günstige Ausnahme"?

1) Vgl. z. B. Smend, Ueber den Genesis des Judenthums S. 127 f.: „Einzigartig bleibt die Thatsache, dass der kleine Gott von Jerusalem so gewaltig sein Haupt erhob, als die Assyrer und Chaldäer ihn scheinbar vernichteten".

2) Dies ist das Körnchen Wahrheit, welches dem Satze von der Alm's (a. a. O. S. 587) zukommt, dass „die Hebräer bei ihren religiösen Vorstellungen auch einen Bildungsgang durchzumachen hatten".

Schluss.

Die von mir vertheidigte Einschränkung des Gebietes, innerhalb welches von einer Entwickelung der alttestamentlichen Religion geredet werden kann, ist auch in neueren und neuesten Zeiten von nicht wenigen Pflegern der Religionswissenschaft vertreten worden.[1]) Und bei dieser Auffassung der israelitischen Religionsgeschichte ist auch der lauggeübte und weite Blick eines Leopold Ranke haften geblieben, als er darüber nachdachte, wie er die Fäden der Geschichte Israels in das Gewebe der Menschheitsentwickelung einflechten sollte.[2])

---

1) Vgl. insbesondere De Wette in den „Theologischen Studien und Kritiken" 1837, S. 953—957; Ernst Meier in ebenderselben Zeitschrift 1843, S. 1021—1025; Diestel, Der Monotheismus des ältesten Heidenthums, vorzüglich bei den Semiten (Jahrbücher für Deutsche Theologie 1860), hauptsächlich S. 749. 759 f.; Dillmann, Ursprung der alttestamentlichen Religion 1865, S. 4 ff.; Schlottmann, Artikel „Götzendienst" in Riehm's Handwörterbuch des Biblischen Alterthums; Victor von Strauss und Torney. Das unbewusst Weissagende im vorchristlichen Heidenthum (Zeitfragen des christl. Volkslebens, Heft 49, 1882), S. 36. — Abr. Geiger, Das Judenthum u. seine Geschichte. 2. Aufl. 1865, S 20—22; Grätz, Geschichte der Israeliten. 1. Bd. 1874, S. 15—22. — Auf dieser Bahn geht auch Delff, Die Grundzüge der Religionsgeschichte 1883, S. 226 f. 256 f.

2) Ranke, Weltgeschichte, Bd. I (1881), S. 30 ff.; vgl. z. B. S. 32 „die Idee von Jehova ist nicht etwa aus Naturdienst entsprungen; sie ist ihm entgegengesetzt"; S. 38 „in dem einfachen Fortgang eines nationalen Naturdienstes hätte es keine Geschichte des Menschengeschlechtes gegeben. Diese gewinnt erst in dem Monotheismus, der sich von dem Naturdienst losreisst, Grund und Boden".